老子鬳齋口義

노자권재구의

老子鬳齋口義

임희일 지음 · 서양중 옮김

경상대학교출판부

이 연구는 2015년도 경상대학교 발전기금재단 재원으로 수행되었음

차례

일러두기

1. 다음은 이 책의 번역 텍스트이다.
   - 『老子鬳齋口義』 2권 1책/경자자更子字본/보물 1655호/청주고인쇄박물관 소장
   - 『老子鬳齋口義』 2권 1책/을해자乙亥字본한국학 중앙연구원 소장장서 등록번호 013340
     왕실 도서관 장서각 디지털 아카이브에서 이미지 파일로 볼 수 있음
   - 仁祖 이전 乙亥字本 파평세가 윤인중지인/상하권 2册 사주 상변 반곽 26.7×15.9cm, 9행 20자/上下 三葉花紋魚尾 31×20cm
2. 『노자권재구의』는 중국 송宋나라 임희일林希逸이 저술한 노자老子의 주석서註釋書를 조선시대에 판각하여 엮은 책이다. 임희일이 저술한 『노·장·열 삼자구의老莊列三子口義』 중의 하나로, 말로 설명하듯이 쉽게 서술한 '구의체口義體' 문장으로 풀어서 엮은 것이다. '초학자들이 이해하기 쉽다' 라는 평을 받으면서 동양삼국東洋三國, 한국·중국·일본에서 널리 읽혔다.
3. 이 책은 '노자권재구의 발제'를 시작으로, 각 장은 『도덕경』 원문과 독음, 번역문, 『권재구의』 원문과 번역문으로 구성했다.
4. 본문은 '발제發題, 상上, 하下'의 세 부분으로 구성했다. 본문에 해당하는 상권上卷은 37장章, 하권下卷은 44장이며, 상하 모두 81장으로 되어 있다.
5. 한자는 음이 같을 경우에는 한글 옆에 붙여서 쓰고, 음은 다르지만 뜻을 드러낼 때는 대괄호〔 〕 속에 표기했다.
6. 번역문에서 대괄호〔 〕 속의 문구는 가독성과 내용 이해를 위해 옮긴이가 추가해 넣은 것이다.
7. 『도덕경』 원문에는 독음을 넣어 독자들이 이용하는 데 편리하도록 했다.

老子鬳齋口義 發題／鬳齋 林希逸

老子鬳齋口義 發題

老子姓李氏 名耳 字伯陽 以其耳漫無輪 故號曰聃 楚國苦縣人也 仕周 爲藏室史 當周景王時 吾夫子年三十 嘗問禮於聃 其言婁見於禮記 於夫子爲前一輩 語曰 述而不作 竊比於我老彭 太史公謂夫子所嚴事 亦非過與也 及夫子沒後百二十九年 有周太史儋 嘗見秦獻公 言離合之數 或曰儋卽老子 非也 儋與聃同音 傳者訛云 周室旣衰 老子西遊 將出散關 關令尹喜 知爲異人 强以著書 遂著上下篇五千餘言而去 其上下篇之中雖有章數 亦猶繫辭上下 然河上公分爲八十一章 乃曰上經法天 天數奇 其章三十七 下經法地 地數偶 其章四十四 嚴遵又分爲七十二 曰陰道八 陽道九 以八乘九 得七十二上篇四十下篇三十二 初非本旨 乃至遂章爲之名 皆非也 唐元宗改定章句 以上篇言道 下篇言德 尤非也 今傳本多有異同 或因一字而盡失其一章之意者 識眞愈難矣 大抵老子之書 其言皆借物以明道或因時世習尙 就以論之 而讀者未得其所以言 故晦翁以爲老子勞攘西山謂其間有陰謀之言 盖此書爲道家所宗 道家者流 過爲崇尙 其言易至於誕 旣不足以明其書 而吾儒又指以異端 幸其可非而非之亦不復爲之參究 前後注解雖多 往往皆病於此 獨穎濱起而明之 可謂得其近似 而文義語脉 未能盡通 其間窒礙亦不少 且謂其多與佛書合 此卻不然 莊子宗老子者也 其言實異於老子 故其自序以生與死與爲主 具見天下篇所以多合於佛書 若老子所謂無爲而自化 不爭而善勝 皆不畔於吾書 其所異者 特矯世憤俗之辭 時有大過耳 伊川曰 老氏谷神一章最佳 胡文定曰 老氏五千言 如我無事我好靜 我

有三寶皆至論也 朱文公亦曰 漢文帝 曹參 只得老子皮膚 王導 謝安 何曾得老子妙處 又曰 伯夷微似老子 又曰晉宋人多說莊老 未足盡莊老實處 然則前輩諸儒 亦未嘗不與之 但以其借論之語 皆爲指實言之 所以未免有所貶議也 此從來一宗未了款案 若硏究推尋 得其初意 眞所謂千載而下知其解者 旦暮遇之也

노자권재구의발제

노자의 성은 이李씨이다. 이름은 이耳, 자字는 백양伯陽이고, 귀가 늘어져 귓바퀴가 없어 호號를 담聃이라고 한다. 초楚나라 고현苦縣 사람으로 주周나라 도서관 사서의 벼슬을 하였다. 당시 주나라 경왕景王 때 공자가 주나라 수도를 방문하여 노자에게 예를 물었던 이야기가 예기禮記에 자주 보인다. 논어에 공자는 선배들의 가르침을 계승 발전시킨 것일 뿐 창작한 것은 없다고 하였는데, 이것은 노자를 몰래 흉내 낸 것이라고 고백한 것이다. 사마천[太史公]은 공자가 노자를 굉장히 존경하여 받들어 모셨다고 하였다. 공자가 죽고 129년이 지나 주나라 태사太史 담儋이 진나라 헌공을 만나 이합지수離合之數를 주장하였는데 혹자는 이 사람이 노자라고 주장하나 아니다. 담儋과 담聃의 발음이 같아서 잘못 전해진 것이다. 주나라 왕실이 쇠퇴하자 노자는 서쪽 국경을 넘어 망명길에 올랐다. 함곡관을 지키던 관령 윤희가 노자를 기이하게 여겨 억지로 가르침을 남기고 가라고 하여 얻은 책이 상하편 5천언이다. 상하편 가운데 비록 편장이 있기는 하나, 계사전상하와 유사하다. 그런데 하상공河上公이 이를 81장으로 나누었는데 상경은 하늘을 법法하여 하늘의 홀수 37장, 하경은 땅을 법하여 땅의 짝수 44장으로 나누었다. 또 엄준嚴遵은 72장으로 나누었는데 음의 도道 8과 양의 도 9를 서로 곱하여 72장을 상편 40장, 하편 32장으로 나누었는데 본래의 뜻에는 어긋난다. 각 장에 이름을 붙인 것도 다 잘못된 것이다. 당나라 현종玄宗도 노자를 개정하였는데 상편은 도道를 말하고 하편은 덕德을 말했다고 하나 이것도 아니다. 오늘날 전해진 판본은 많으나 다른 것도 있고 같은 것도 있다. 혹은 한 글자로 인해 한 장의 뜻이 완전히 달라질 수 있어 참을 알기가 더욱 어렵게 되었다. 대저 노자의 학學[書]은 그 말들이 대부분 물건을 빌려 도를 밝힌 것이고 혹은 당시의 시대적 문제에 나아가 깨우쳐 주려고 하였기 때문에 읽는 사람들이 그 말한 뜻을 알기가 어렵다. 그래서 주자도 노자는 읽기는 수고롭고 얻는 것은 별로 없어 머리만 어지럽다 해서 힘써 배척하여야 한다고 하였다. 서산西山 진덕수는 노자에는 음모지설陰謀之說[병법]이 있다고 하였다. 노자가 도가의 경전이 되면서 도가류에서 지나치게 숭상하고 황당무계한 말만 많이 하여 노자의 정신을 밝히기에는 역부족이었다. 우리 유가에서도 노자를 이단시하고 비판을 위한 비판을 일삼고 다시 연구하지 않았다. 비록 주해가 많이 나왔지만 대개 이와 같은 병폐가 있었다. 다만 영빈穎濱[소철蘇轍]이 나와서 노자를 많이 연구하였다. 가히 근사近似할 정도를 얻었다고 할 수 있다. 글의 뜻과 맥락을 다 통하지는 못해서, 해석한 것 중에 문제가 적지 않다. 많은 부분이 불서佛書와 합하였다고들 하나, 사실은 그렇지 않다. 장자가 노자를 종宗으로 삼았지만 그 말[言]은 실로 노자와 달랐다. 오히려 장자의 천하편 생여사여生與死與는 불교와 유사하다. 노자의 소위 무위자화無爲自化, 부쟁선승不爭善勝은 모두 우리 유가와 별반 다를 것이 없다. 다만 유가와 다른 것은 세상을 바로잡고 세속에 분개한 나머지 말이 지나친 점이다. 때에 큰 허물이 있을 뿐이다. 이천伊川선생도 노자 제6장 곡신谷神장은 제일 멋있다고 하였고, 호문정胡文定은 노자 5천언 중에 아무사我無事, 아호정我好靜, 아유삼보我有三寶 같은 말은 다 진리라고 하였다. 주자도 한 문제 때 조삼曹參은 단지 노자의 껍데기만 얻었고 왕도王導, 사안謝安 등도 노자의 묘처는 얻지 못했다고 하였다. 오직 백이伯夷만이 노자에 거의 근사하다. 진송晉宋 사람들이 노장老莊을 많이 설명하였지만 노장의 핵심을 밝히기는 부족하였고 많은 유학자들도 노자의 경지에 참여하진 못했다. 단지 비유를 들어 말한 것을 곧이곧대로 이해하고, 모르면서 폄하하였고 핵심을 깨닫지 못하였다. 연구를 계속하여 간다면 처음의 뜻을 얻을 것이다. 이른바 천년이 걸려야 그 뜻을 이해한다고 하나, 공자와 노자의 만남은 하루의 만남이었다.

老子鬳齋口義

上

第一章 道可道

道可道 非常道 名可名 非常名 無名 天地之始 有名 萬物之母
도가도 비상도 명가명 비상명 무명 천지지시 유명 만물지모
常無 欲以觀其妙 常有 欲以觀其徼 此兩者 同出而異名 同謂之玄
상무 욕이관기묘 상유 욕이관기요 차양자 동출이이명 동위지현
玄之又玄衆妙之門
현지우현중묘지문

도라고 할 수 있는 도는 영원한 도가 아니고, 이름을 부를 수 있는 이름은 영원한 이름이 아니다. 무명無名은 천지의 시작이고, 유명有名은 만물의 어머니다. 그래서 상무常無는 그 신비함을 보고자 하는 것이요, 상유常有는 그 속에 있는 텅 빈 구멍을 보고자 하는 것이다. 이 두 개는 같은 데서 나와서 이름이 다른 것일 뿐이다. 그럼 그 같은 곳이 어디냐. 그것을 현玄이라고 한다. 현에서 현이 나오고 또 현에서 현이 나오고 그래서 신비한 생명이 나오는 문이라고 한다.

권재구의

此章 居一書之首 一書之太旨皆具於此 其意盖以爲道 本不容言 纔涉有言 皆是第二義 常者 不變不易之謂也 可道可名則 有變有易 不可道不可名則 無變無易 有仁義禮智之名 則仁者不可以爲義 禮者不可以爲智 有春夏秋冬之名 則 春者不可以爲夏 秋者不可以爲冬 是則非常道非常名矣 天地之始太極未分之時也 其在人心 則寂然不動之地 太極未分 則安有春夏秋冬之名 寂然不動則安有仁義禮智之名 故曰無名天地之始 其謂之天地者 非專言天地也 所以爲此心之喩也 旣有陰陽之名則千變萬化皆由此而出 旣有仁義之名則千條萬端自此而始 故曰有名萬物之母 母者言自此而生也 常無常有兩句 此老子教人究竟處 處人世之間 件件是有 誰知此有 自無而始 若以爲無則又有所謂莽莽蕩蕩 招殃禍之事 故學道者 常於無時 就無上究竟 則見其所以生有者之妙 常於有時就有上究竟 則見其自無而來之徼 徼卽禮記所謂竅於山川之竅也 言所自出也 此兩欲字有深意 欲者要也 要如此究竟也 有與無雖爲兩者 雖有異名 其實同出 能常無常有以觀之 則皆謂之玄 玄者造化之妙也 以此而觀 則老子之學 何嘗專尙 虛無 若專主於無 則不曰兩者同出矣 不曰同謂之玄矣 玄之又玄 衆妙之門 此卽莊子所謂有始也者 有未始有始也者 有未始有夫未始有始也者 但贊言其妙而已 初無別義 若曰一層上又有一層 則非其本旨 衆妙 卽易所謂妙萬物者也 門言其所自出也 此章人多只就天地上說 不知老子之意正要就心上理會 如此兼看 方得此書之全意

이 장은 이 책의 제일 첫 번째 장인데, 이 책 한 권의 핵심이 이 장 속에 다 갖추어져 있다. 그 뜻은 대개 도라고 하는 것은 본래 말로 할 수 없고, 생각으로는 알 수 없는 세계가 도道의 세계다. 조금이라도 말을 붙이게 되면 상대 세계로 떨어지고 만다. 상常이라고 하는 것은 변함도 없고 바뀌지도 않는 것을 말하는 것이다. 도라고 할 수 있고 이름을 붙일 수 있는 것은 변할 수도 있고 바뀔 수도 있는 것이다. 도道라고 할 수도 없고 이름을 부를 수도 없는 것은 변함도 없고 바뀜도 없는 것이다. 인의예지가 이름이 있게 되면 인仁이라고 하는 것은 예禮가 될 수 없고, 예禮라는 것은 지智가 될 수 없다. 또 춘하추동의 현상이 나타나게 되면 거기에는 봄은 여름이 될 수 없고 가을은 겨울이 될 수 없다. 이것이 비상도비상명非常道非常名이다. 천지지시天地之始라고 하는 말은 태극이 나누어지지 않은, 음양이 나누어지기 이전의 때를 말하는 것이다. 그것은 우리들 즉 사람 마음속의 이야기 곧 고요하고 움직이지 않은 내 정신의 세계를 말하는 것이다. 태극이 나누어지기 전이니 어찌 춘하추동의 이름이 있을 것이며, 고요하여 움직이지 않는데 어찌 인의예지의 이름이 있겠는가. 그래서 무명은 아직 현상계가 나타나기 이전의 세계라고 하였다. 여기서 말하는 천지라는 것은 전적으로 이 우주의 하늘과 땅을 말하는 것이 아니라 내 마음, 정신을 비유해서 말하는 것이다. 이미 음양의 이름이 있게 되면 곧 천변만화가 이 태극으로부터, 태양으로부터 말미암아 나오는 것인데 이미 인의예지의 이름이 또 있은즉 천 갈래 만 갈래가 이것으로부터 말미암아 시작하는 것이다. 그래서 유명有名은 만물지모萬物之母라고 말하였다. 모母라는 것은 이것으로부터 만들어져 나왔다는 말이다. 상무상유常無常有, 이 두 구절이 노자가 사람을 가르치는 핵심이고, 사람 사는 세상에 모든 일마다 이 유有가 있는 것이다. 누가 상유常有를 알겠는가. 무無로부터 오는 것을 알겠는가. 만약에 이 무를 허무의 무로 생각한다면 이른바 망망탕탕하여, 화와 재앙을 불러들이게 된다. 그래서 도를 배우는 사람은 이 무의 세계에 나아가서 깊이 연구해 나가면 곧 무에서 유가 나타나는 까닭을 보게 되는 것이요, 유의 세계에 나아가서 깊이 연구해 나가면 무로부터 오는 비어 있는 것을 보게 되는 것이다. 요徼는 곧 예기에서 말하는 산천의 구멍인데, 바람소리가 나는 구멍을 말하며, 이곳으로부터 나오는 바를 말하는 것이다. 상무욕常無欲, 상유욕常有欲, 이 두 개의 욕欲 자에는 아주 깊은 뜻이 있는데 욕欲이란 핵심을 말하는 것이다. 핵심을 이와 같이 깊이 연구해 보면, 유와 무가 비록 두 개로 나뉘어 둘이고, 이름도 유와 무로 다르지만 실제로는 같은 곳에서 나왔다는 것이다. 능히 상무常無와 상유常有의 절대경지에서 볼 것 같으면, 그 모두를 현玄이라 한다. 현이라 하는 것은 만들어 내고 변화시키는 생명의 신비를 말하는 것이다. 이렇게 보면 노자의 학문이 어찌 허무만을 오로지 숭상했다고 하겠는가. 만약 무만을 주장했던 것이라고 하면 상무常無 상유常有 둘 다 같은 곳에서 나왔다고 말하지 않았을 것이다. 또 같은 곳이 현이라고 말하지 않았을 것이다. 현지우현玄之又玄 중묘지문衆妙之門, 이 말은 곧 장자가 말한 태초이다. 태초 이전에 또 그 이전이 있었다. 또 태초 이전에, 그 이전이, 또 그 이전이 있었다는 것은 다만 그 생명의 신비함을 찬미한 것이지 별다른 뜻은 없다. 만약에 일층 위에 한 층이 있고 그 위에 또 한 층이 있고 이렇게 이야기하면 본래의 뜻에 어긋나는 것이다. 중묘衆妙라는 것은 주역에서 말하는 만물의 신비한 탄생을 말한다. 문門이라 하는 것은 그곳으로부터 나오는 것을 말하는 것이다. 많은 사람들이 이 장을 단지 우주관적 입장에서 설명하는데 그것은 노자의 뜻을 바로 알지 못한 것이다. 우리 마음속 사랑의 세계에 나아가서 이해하고, 이와 같이 우주관과 정신의 세계에서 다 같이 보아야, 이 책의 온전한 뜻을 이해하게 되는 것이다.

第二章 天下皆知

天下皆知美之爲美 斯惡已 皆知善之爲善 斯不善已 故 有無相生 難
천하개지미지위미 사오이 개지선지위선 사불선이 고 유무상생 난
易相成 長短相形 高下相傾 音聲相和 前後相隨 是以聖人處無爲之事
이상성 장단상형 고하상경 음성상화 전후상수 시이성인처무위지사
行不言之敎 萬物作焉而不辭 生而不有 爲而不恃 功成而不居
행불언지교 만물작언이불사 생이불유 위이불시 공성이불거
夫惟不居 是以不去
부유불거 시이불거

천하가 아름다운 것을 다 아름답게 여기면, 이것이 아주 추하게 된다. 착한 것을 다 착하게 여기면, 이것이 또 착하지 않는 것이 되고 만다. 그래서 유와 무가 서로 낳고, 어렵고 쉬운 것이 짝이 되고, 길고 짧은 것이 서로 형성되고, 높고 낮은 것이 서로 나오고, 음과 소리가 서로 있게 되고, 앞과 뒤가 따르게 된다. 성인聖人은 무위無爲라 아무것도 함이 없이 하는 일에 뭘 해도 한다는 생각이 없이 하고, 말을 해도 말을 한다는 생각이 없이 가르침을 행한다. 모든 만물을 다 살려 주고도 수고를 사양하지 않는다. 모든 만물을 낳고도 소유하지 않고, 자기가 하고도 공功을 자랑하지 않고 공을 이루고도 그 공에 머무르지 않는다. 그 공에 머무르지 않기 때문에 그 공으로부터 떠나지도 않는 것이다.

권재구의

此章卽有而不居之意 有美則有惡 有善則有不善 美而不知其美 善而不知其善 則無惡無不善矣 蓋天下之事 有有則有無 有難則有易 有長則有短 有高則有下 有音則有聲 有前則有後 相生相成以下六句 皆喩上面美惡善不善之意 故聖人以無爲而爲 以不言而言 何嘗以空寂爲事 何嘗以多事爲畏 但成功而不居耳 如天地之生萬物 千變萬化 相尋不已 何嘗辭其勞 萬物之生 盈於天地 而天地何嘗以爲有 如爲春爲夏爲生爲殺 造化 何嘗恃之以爲能 故曰 生而不有 爲而不恃 其意只在於功成而不居 故以萬物作焉而不辭 三句發明之作 猶易曰坤作成物也 此卽舜禹有天下而不與之意 自古聖人皆然 何特老子 但老子說得太刻苦 所以近於異端 夫惟不居 是以不去 言有其有者不能有 而無其有者能有之 此八字最有味 書曰 有其善喪厥善 便是此意 聲成文謂之音 故曰 音聲相和

이 장은 소유해도 거기에 머물지 않는다는 뜻이다. 아름다운 것이 있으면 싫어하는 것이 있게 되고, 선한 것이 있으면 선하지 않은 것이 있게 되고, 아름답지만 아름다운 것을 알지 못하고, 선善하지만 그 착한 것을 알지 못한다. 그리되면 미워할 것도 없고 착하지 않는 것도 없는 것이다. 대개 천하의 일이라는 것이 유有가 있으면 무無가 있고, 어려운 것이 있으면 쉬운 것이 있고, 높은 것이 있으면 낮은 것이 있고, 음악이 있으면 소리가 있고, 앞이 있으면 뒤가 있다. 상생상성相生相成 아래 여섯 구절은 모두 위에서 말한 미오선불선美惡善不善의 뜻을 비유한 것이다. 그래서 성인은 함이 없이 하고, 말한다는 생각이 없이 가르칠 뿐, 어찌 일찍이 욕심을 부려 일을 했겠으며, 어찌 일이 많은 것을 두려워했겠는가. 다만 공을 이루고도 거기에 머무르지 않을 뿐이다. 하늘과 땅이 만물을 내놓고 천변만화를 이루게 하며, 서로 도와주려는 것을 그치지 않으니, 어찌 수고를 사양하겠는가. 모든 만물을 낳고 하늘과 땅을 꽉 채워도 하늘과 땅이 이것은 내 것이다 하고 꼭 붙들지도 않는다. 춘하추동이 돌아가는 것이 조화인데, 춘하추동을 다 돌아가게 하면서도 내가 했다고 자랑하지도 않는다. 그래서 내가 낳았다고 내 새끼라고 하지 않고, 내가 하고도 내가 했다고 자랑하지 않는다고 말한 것이다. 다만 그 뜻은 내가 공을 이루어도 내가 거기에 집착하지 않는 것이다, 그래서 모든 만물을 다 일으켜 세워 주고 낳아 주고 태어나게 하는 데 고통이 따라도 그것을 사양하지 않는다. 이 세 구절이 그 뜻을 잘 드러낸 것이다. 작作이라고 하는 것은 주역에서 땅이 모든 만물을 다 싹트게 하고 그래서 모든 만물을 이루어지게 하는 작作과 같다. 이것은 순임금 우임금이 천하를 소유해도 이 세상을 다스리는 데 이래라 저래라 간섭하지 않는 것과 같다. 자고로 성인들은 다 이러했다. 어찌 노자만 특별했겠는가. 다만 노자의 설명이 날카롭고 예리하고 조금 삐딱한 말이 있었던 까닭에 유교로부터 이단이라고 손가락질을 당한 것이다. 부유불거夫惟不居 시이불거是以不去[머물지 않기 때문에 거기서 떠나지 않는다]라는 것은 내가 이것을 가지고 있다고 생각하고 가지고 있으면 그것을 가질 수 없는 것을 말하는 것이고, 내가 가지고 있다는 생각이 없을 때 진정 소유할 수 있다는 것이다. 이 여덟 글자, 부유불거夫惟不

居 시이불거是以不去가 최고로 맛이 있는 것이다. 서경에서 말한 내가 착하다고 생각하는 것은 착한 것이 아니란 말과 같은 말이다. 소리가 글이 되는 것을 음音이라 한다. 그래서 말하기를 음과 소리가 서로 조화를 이룬다고 하였다.[가사와 곡이 잘 조화되어야 음악이 된다는 뜻이다.]

第三章 不尙賢

不尙賢　使民不爭　不貴難得之貨　使民不爲盜　不見可欲　使心不
불상현　사민부쟁　불귀난득지화　사민불위도　불견가욕　사심불
亂　是以聖人之治　虛其心　實其腹　弱其志　强其骨　常使民無知無欲
란　시이성인지치　허기심　실기복　약기지　강기골　상사민무지무욕
使夫知者不敢爲也　爲無爲　則無不治
사부지자불감위야　위무위　즉무불치

똑똑한 사람을 숭배하지 않아야, 백성들을 경쟁사회로 몰아넣지 않게 된다. 얻기 어려운 재화들을 귀하게 여기지 않아야, 백성들로 하여금 도둑놈이 되게 하지 않는다. 욕심낼 만한 것을 보여 주지 않아야, 마음이 어지럽지 않게 된다. 성인聖人이 정치를 하게 되면 욕심은 비우고 배는 꽉 차게 한다. 쓸데없는 계획은 줄이고, 자기 속의 실력을 자꾸 발전시켜 나간다. 항상 백성들로 하여금 벼슬과 권력 그리고 돈만을 좇아가지 않게 하고, 자기가 똑똑하다는 사람, 사기꾼이 감히 꾀를 쓰지 못하게 한다. 무위無爲 정치를 하면 다스리지 못함이 없다.

권재구의

尚矜也　我以賢爲矜尚　則必起天下之爭　禹惟不矜　天下莫與汝爭能　便是此意　我以寶貨爲貴　則人必皆有欲得之心　其弊將至於爲盜　此二句　發下面可欲之意也　人惟不見其所可欲　則其心自定　不見可欲使心不亂　此八字最好　虛其心　無思慕也　實其腹　飽以食也　弱其志不趍競也　强其骨　養其力也　言太古聖人　但使民飽於食而無他思慕力皆壯而無所趍競　故其民純朴而無所知無所欲　雖其間有機巧之心者　所知雖萌於心　而亦不敢有作爲也　聖人之治天下也如此　而聖人於世　亦無所容心　其爲治也　皆以無爲爲之　所以無不治也　不見可欲使心不亂　言聖人之教其民如此　使者　使其民也　不尚賢不貴難得之貨　皆恐有以動其欲心也　動其欲亦不止此二事　但以二者言之耳　老子憤末世之紛紛　故思太古之無事　其言未免太過　所以不及吾聖人也

상尚은 자랑하는 것이다. 내가 이 똑똑한 것으로써 자랑을 하고 숭상하게 되면 필히 천하가 다툼으로 나아가게 되고 경쟁사회가 된다. 우禹임금이 자기가 잘났다고 자랑하지 않으니 천하가 우禹하고 다투려고 하지 않는다. 아마 이런 뜻일 것이다. 내가 보화를 귀하다고 하면 사람들이 반드시 그것을 갖고 싶어 하여, 그 폐단이 장차 모두를 다 도둑놈으로 만드는 것이다. 이 두 구절은 그 아래의 불견가욕不見可欲의 뜻을 밝히는 구절이다. 사람들에게 오직 욕심낼 만한 것을 보여 주지 않으면 곧 그 마음이 스스로 일정해진다. 불견가욕不見可欲 사심불난使心不亂, 여덟 글자가 가장 멋지고 좋다. 마음을 비우니 사모하는 것이 없다. 실기복實其腹은 등이 따뜻하고 배불리 먹는다는 말이다. 약기지弱其志는 남하고 다투고 경쟁하는 것이 없다는 말이다. 강기골强其骨은 자기의 욕심을 이겨 자기의 소질을 발전시켜 실력을 기르는 것이다. 말하자면 옛날의 성인은 다만 백성들로 하여금 배부르고 달리 사모하는 것이 없게 만든다는 말이다. 몸은 건강하고 힘은 장사이지만 나아가서 다투는 것이 없다. 백성들이 순박하여 권력욕도 없고 돈 욕심도 없다. 그 사이에 교묘한 사기꾼 같은 놈이 나와, 마음에 욕심이 싹텄다 하더라도 감히 그것을 실천에 옮기지는 못한다. 성인聖人의 다스림이라는 것은 천하에 이와 같은 것이다. 성인이 이 세상에 계시면 또한 사사로움을 용납하지 않아, 다스림이 다 착취 없는 정치로 다스리게 된다. 무위無爲로 다스려도 모든 것이 다 저절로 다스려진다. 불견가욕不見可欲 사심불난使心不亂이란 성인이 그 백성을 가르치는 것이 이와 같다는 말이다. 사使는 백성들로 하여금 사使이다. 불상현不尙賢 불귀난득지화不貴難得之貨는 모두 욕심이 일어날까 봐 걱정해서 이런 말을 하는 것이다. 욕심이 일어나면 이 두 가지 일에만 그치겠는가. 다만 이 두 가지 일만 들어서 말한 것뿐이다. 노자가 이 어지러운 세상에 분개하여, 옛날 성인이 일 없음으로 일 처리하였던 것을 생각하였으나 그 말이 크게 지나침을 면하지 못했다. 그래서 노자의 지나친 표현이 우리 성인 공자에게는 미치지 못한 까닭이다.

第四章 道冲

道冲 而用之或不盈 淵乎 似萬物之宗 挫其銳 解其紛 和其光 同其
도충 이용지혹불영 연호 사만물지종 좌기예 해기분 화기광 동기

塵 湛兮 似若存 吾不知誰之子 象帝之先
진 담혜 사약존 오부지수지자 상제지선

도道는 비어 있어 사용하니 혹 차지 않은 듯하고, 깊음이로다. 만물의 어른 같도다. 날카로움을 감춰서 그 어지러움을 해결하고, 빛을 부드럽게 해서 그 먼지와 같이 한다. 아주 맑아서 있는 것 같기도 한데, 나는 이것이 누구의 아들인지 모르겠다. 하나님보다 더 앞서 있는 분이 아닐까.

권재구의

冲虛也 道體雖虛而用之不窮 或盈或不盈 隨時而不定也 不曰盈不盈 而曰或不盈 纔有或字 則其意自見 此文法也 淵者美也 似者 以疑辭贊美之也 萬物之宗 卽 莊子所謂大宗師也 言此道若有若無 苟非知道者不知之 故曰似萬物之宗 挫其銳 言其磨礱而無圭角也 解其紛 言其處紛擾之中 而秩然有條也 光而不露 故曰和其光 無塵而不自潔 故曰同其塵 此佛經所謂不垢不淨也 湛者 微茫而不可見也 若存若亡 似有而似無 故曰湛兮似若存 卽恍兮惚 其中有物是也 吾不知誰之子者 亦設疑辭以美之也 象似也 帝天也 言其在於造物之始 故曰象帝之先 曰象 曰似 皆以其可見而不可見 可知而不可知 設此語以形容其妙也

충冲은 비어 있다는 말이다. 도道의 본체는 비록 비어 있어도 그 쓰임은 다함이 없다. 혹 차기도 하고 차지 않기도 하고 때에 따라 일정하지가 않다. 여기서 영불영盈不盈이라 말하지 않고 혹불영或不盈이라고 했는데, 겨우 혹或자 하나로 그 뜻이 저절로 드러나게 하는 이것이 글의 묘미이다. 연淵은 아름답다는 것이다. 사似는 의문조사로 아름다움을 찬미한 것이다. 만물지종萬物之宗, 만물의 어른이란 장자에서 말한 대종사이다. 말하자면 도道라는 것은 있는 것 같기도 하고 없는 것 같기도 하고 진실로 이 도道를 알지 못하면 정말 알지 못하는 것이다. 그래서 만물의 머리와 같다고 말한 것이다. 좌기예挫其銳, 그 날카로움을 무디게 한다는 말은 숫돌에다 그 날카로움을 자꾸 갈아서 모서리나 귀퉁이의 뾰족한 부분을 없게 만드는 것이다. 해기분解其紛은 분란과 어지러움 가운데 처해 있어도 질서정연하게 갖추고 있다는 말이다. 빛이 있는데 그 빛을 드러내지 않아서 화기광和其光, 빛을 부드럽게 한다고 하였다. 자기는 빛이라 자기 속에 먼지가 없어도 스스로 깨끗하지 않은 것이다. 그래서 동기진同其塵, 먼지와 같이 있다고 하였다. 이것이 불경에서 이른바 더러움도 없고 깨끗함도 없다고 한 것이다. 담湛은 어슴푸레하여 가히 볼 수가 없는 것이다. 약존약망若存若亡은 있는 것 같기도 하고 없는 것 같기도 하다는 말이다. 그래서 담혜사약존湛兮似或存이란 말은 황홀한 상태 가운데에 하나의 물체가 있는 것이다. 오부지수지자吾不知誰之子라는 말은 의문조사를 써서 찬미하는 말이다. 상象은 비슷하다는 말이고 제帝는 하늘이다. 말하자면 천지창조 이전에 있는 것을 말하는 것이다. 그래서 하나님보다 앞선 분이라고 말한 것이다. 상象과 사似라고 한 것은 다 보일 듯 말 듯한 세계, 알 수 있을 것 같으면서도 알 수 없는 세계, 즉 이성을 초월한 세계를 말하기 위해, 이러한 말들로 신비하고 깊은 뜻을 표현하려는 것이다.

第五章 天地不仁

天地不仁 以萬物爲芻狗 聖人不仁 以百姓爲芻狗 天地之間 其猶槖
천지불인 이만물위추구 성인불인 이백성위추구 천지지간 기유탁

籥乎 虛而不屈 動而愈出 多言數窮 不如守中
약호 허이불굴 동이유출 다언삭궁 불여수중

천지는 어질지 않다. 만물로 추구芻狗를 삼는다. 성인聖人도 어질지 않다. 백성을 추구芻狗로 삼는다. 하늘과 땅 사이가 풀무나 피리와 같지 않은가. 비어 있어서 굴屈하지 않고, 풀무의 관이 움직이면 움직일수록 더욱 바람이 나온다. 말이 많으면 항상 궁窮한 데에 떨어지게 된다. 가운데를 지키는 것만 같지 못하다.

生物仁也 天地雖生物 而 不以爲功 與物相忘也 養民仁也 聖人雖養民而不以爲恩 與民相忘也 不仁 不有其仁也 芻狗 已用而棄之相忘之喩也 三十八章曰 上德不德 是以有德 不仁猶不德也 莊子齊物曰 大仁不仁 天地曰 至德之世 相愛而不知以爲仁 亦是此意 芻狗之爲物 祭則用之 已祭則棄之 喩其不著意而相忘爾 以精言之 則有所過者化之意 而說者以爲 視民如草芥則誤矣 大抵老莊之學 喜爲驚世駭俗之言 故其語多有病 此章大旨不過曰 天地無容心於生物 聖人無容心於養民 却如此下語 涉於奇怪 而讀者不精 遂有深弊 故曰申韓之慘刻原於芻狗百姓之意 雖老子亦不容辭其責矣 籥者橐之管也 橐籥用而風生焉 其體雖虛 而用之不屈 動則風生愈出愈有 天地之間其生萬物也亦然 橐籥之於風 何嘗容心 天地之於生物 亦何嘗容心 故以此喩之 況用之則有風 不用則無 亦有過化之意 數 猶曰每每也 守中 黙然閉其喙也 意謂天地之道 不容以言盡 多言則每每至於自窮 不如黙然而忘言 子曰 予欲無言 天何言哉 四時行焉 萬物生焉 亦此意也 但聖人之語 粹而易明 此書則鼓舞出入 使人難曉 或者以爲戒人之多言 則 與上意不貫矣 如此看得破 非惟一章之中首末貫串 語意明白 而其文簡妙高古 亦豈易到哉

물物을 낳는 것은 인仁이다. 천지가 비록 그 모든 만물을 낳지만 그것을 자기 공으로 삼지 않는다. 모든 만물과 더불어 서로 잊어버린다. 백성들을 길러 주는 것이 인仁이다. 성인은 비록 백성의 몸을 길러 주고 정신을 길러 주지만, 은혜를 베풀었다고 생각하지 않는다. 백성들과 더불어 서로 잊어버린다. 불인不仁이란 사랑을 베풀었다는 생각이 없는 것을 말한다. 추구芻狗는 이미 제사에 사용했으면 그냥 버리고 서로 잊음을 비유한 것이다. 노자 제38장에 상덕부덕上德不德이라는 말이 있는데 최고의 덕德은 덕 같아 보이지 않지만 진짜 덕이 있다는 것이다. 본문의 불인不仁이라는 말도 노자 제38장의 부덕不德과 같은 말이다. 장자 제물론에 대인불인大仁不仁, 큰 사랑은 인仁이 아니라는 말과 장자 천지편에도 지극한 덕의 세상에는 서로 사랑을 하고 유익하게 해 주지만 인仁을 했다는 것을 모른다는 것이니, 이것도 이러한 뜻이다. 추구芻狗라는 것은 무슨 물건인가. 제사를 지낼 때만 사용하고 제사가 끝나면 버린다. 이는 제사 때 쓴 것, 풀로 만든 희생 대용물에 집착하지 않고 서로 잊어버린다는 것을 비유한 것이다. 더 자세히 말을 하면, 맹자 진심盡心장에 성인聖人이 지나가면 변화가 있게 되고 성인이 마음을 두면 신령스러운 기적이 일어난다는 과화존신過化存神이라는 말과 같다. 어떤 사람이 백성들 보기를 잡초와 같이 본다고 한 것은 잘못된 것이다. 대체로 노장老莊의 학문은 세상을 깜짝 놀라게 할 말과, 속세를 뒤집어 놓을 말하기를 즐거워한다. 그래서 그 말들이 대부분 조금 지나치다. 이 장의 큰 뜻은 천지는 생물을 낳았는데도 그것을 마음에 두지 않고, 성인도 백성을 길러 준 것을 마음에 담아 두지 않는다는 말에 지나지 않는다. 이와 같이 아래의 말들도 기이奇異한 말들에 지나지 않는데, 읽는 사람이 정확하게 읽지 않으면 결국에는 아주 심한 폐단에 이르게 된다. 그래서 신불해申不害와 한비자韓非

子의 잔인함이 노자 제5장의 백성을 풀로 만든 인형들로 삼는다는 뜻에서 비롯되었다고 말들을 하니, 비록 노자가 그 책임을 인정할지는 몰라도 이 구절을 잘못 해석하여 많은 피해가 있었다. 약籥은 풀무에 연결된 관이다. 풀무의 관을 사용하면 바람이 생긴다. 그 몸체는 비록 비어 있어도 사용할수록 그만두지 않고 움직일수록 더욱 바람이 나온다. 천지 사이에 만물이 생겨나오는 것 또한 이와 같은 것이다. 풀무질로 나오는 바람에 무슨 내가 만들었다는 생각이 있겠는가. 천지도 모든 만물을 만들어 내고도 내가 생산했다는 생각이 있겠는가. 그래서 이것으로 비유를 한 것이다. 즉 풀무질을 하면 바람이 생기고, 하지 않으면 바람이 없다는 것을 비유해서 설명을 한 것이다. 이 또한 성인이 지나가면 알게 모르게 백성들의 마음이 변하고 행동이 변화한다는 뜻이다. 삭數은 매번, 늘이라는 말이다. 수중守中은 묵묵히 그 부리를 꽉 닫고 있는 것이다. 그 뜻은 말로는 다할 수 없는 것이 천지의 도라는 것이다. 천지의 도를 말하면 할수록 항상 스스로 궁窮하게 되어, 묵묵히 말을 잊어버리고 있는 것만 못한 것이다. 공자가 말씀하기를 나는 말하고 싶지 않다, 어디 하늘이 말하는 것을 들어 봤느냐, 그래도 봄, 여름, 가을, 겨울이 지나고 모든 만물이 태어나지 않느냐, 한 것이 또한 묵묵히 말을 잊어버리고 있는 것과 같은 뜻이다. 다만 성인의 말씀은 아주 순수하고 쉽고 밝다. 이 책의 말은 고무시키고 격동시켜서 사람들이 깨닫기가 어렵다. 사람들이 말을 많이 하지 않도록 경계한 것과 위에서 말한 도道, 천지天地가 무엇인가와는 뜻이 통하지 않는다고 말하지만, 앞서와 같이 꿰뚫어 본다면 한 장 속에 머리와 끝부분이 관통될 뿐만 아니라, 그 말뜻도 명백하다. 그 문장이 아주 간략하고 신비하고 높고, 옛것과 같이 담담하니 또한 어찌 쉽게 도달할 수야 있겠는가.

第六章 谷神不死

谷神不死 是謂玄牝 玄牝之門 是謂天地根 綿綿若存 用之不勤
곡신불사 시위현빈 현빈지문 시위천지근 면면약존 용지불근

곡신谷神은 죽지 않는다. 이를 현빈玄牝이라고 한다. 현빈玄牝의 문을 천지의 뿌리라고 한다. 면면이 이어져 있는 것 같기도 하고 없는 것 같기도 하지만 힘을 쓰지 않아도 저절로 된다.

권재구의

此章乃修養一項功夫之所自出 老子之初意却不專爲修養也 精則實神則虛 谷者虛也 谷神者 虛中之神者也 言人之神自虛中而出 故常存而不死 玄 遠而無極者也 牝 虛而不實者也 此二字只形容一 筒虛字 天地亦自此而出 故曰根 綿綿 不已不絶之意 若存者 若有若無也 用於虛無之中 故不勞而常存卽所謂虛而不屈 動而愈出是也 晦翁曰 至妙之理 有生生之意存焉 此語亦好 但其意亦近於養生之論 此章雖可以爲養生之用而初意實不專主是也

이 장은 수양공부의 항목이 나온 장이다. 노자의 본래 뜻은 오로지 수양을 하라는 것은 아니었다. 정精이 실實이요, 신神은 허虛이다. 곡谷이란 비었다는 것이고 곡신谷神이란 허虛 가운데 신神이라는 말이다. 말하자면 사람의 정신은 스스로 빈 가운데서 나온다. 그래서 항상 있으면서 죽지 않는다. 현玄은 멀고 끝이 없다는 말이다. 빈牝은 비어서 알맹이가 없다는 말이다. 이 두 글자는 단지 하나를 형용한 것인데 통허筒虛, 비어 있는 관이다. 천지 또한 이것으로부터 나왔다. 그래서 뿌리라고 말한다. 면면綿綿은 끊어지지 않고 계속 이어져 나온다는 뜻이다. 약존若存이란 있는 것 같기도 하고, 없는 것 같기도 한 것이다. 비어 없는 가운데 작용하기 때문에 힘들이지 않고 항상 존재하는 즉 이른바 비어서 멈추지 않고 움직일수록 더욱 나오는, 허이

불굴虛而不屈 동이유출動而愈出이 바로 이것을 말한다. 주자朱子가 말하기를 지극히 신비한 진리에서 자꾸 생명이 나온다고 하였는데 이 말도 참 좋다. 다만 이 말도 또한 양생론과 비슷하다. 이 장을 비록 양생론자들이 많이 인용하지만 노자의 본뜻은 양생만을 오로지 주장한 것은 아니다.

第七章 天長地久

天長地久 天地所以能長且久者 以其不自生 故能長生 是以聖人後其
천장지구 천지소이능장차구자 이기부자생 고능장생 시이성인후기

身而身先 外其身而身存 非以其無私邪 故能成其私
신이신선 외기신이신존 비이기무사야 고능성기사

하늘은 넓고 땅은 오래되었다. 하늘과 땅이 능히 넓고 오래된 까닭은 무엇인가. 그것은 스스로 만물을 낳았다는 생각이 없기 때문이다. 그러므로 오래갈 수 있다. 그래서 성인聖人은 항상 몸을 뒤에 두지만 앞서게 되고, 항상 자기 몸을 밖에 두어도 몸이 간직되는데, 그것은 자기가 없기 때문이 아니겠는가. 그래서 자기를 완성할 수 있는 것이다.

권재구의

此章以天地喩聖人無容心之意 天地之生萬物 自然而然 無所容心 故千萬歲 猶一日也 聖人之修身 無容心於先後 無容心於內外 故莫之先而常存 是以其無私 而能成其私也 此一私字 是就身上說來 非公私之私也 若以私爲公私之私 則不得謂之無容心矣 此語又是老子誘人爲善之意 釋氏翻出來則無 此等語矣 故謂之眞空實有 眞空便是無私之意 實有便是能成其私之意 但說得來 又高似一層

이 장은 성인은 마음에 담아 두는 것이 없다는 뜻을 하늘과 땅으로 비유한 것이다. 하늘과 땅이 만물을 다 낳았어도 그것은 저절로 된 것이다. 내가 했다는 마음을 두지 않는다. 그래서 천만 년이 하루 같다. 성인聖人은 몸 닦음에도 먼저 하고 나중에 했다는 마음을 담아 두지 않는다. 또 안과 밖에 내가 있다 없다는 것을 마음에 담아 두지 않는다. 그래서 내가 앞서려고 하지 않아도 항상 앞서 나가게 된다. 그렇기 때문에 자기라는 것이 없고 그래서 자기의 소질을 능히 완성할 수 있는 것이다. 여기서 하나의 사私라는 글자는 자기 몸을 두고 말하는 것이다. 공사公私의 사私가 아니다. 만약에 사私를 공사公私의 사私라고 한다면 무용심無容心[내가 했다는 마음이 없는 것]이라고 말할 수는 없다. 이 말은 또 노자가 사람들을 착하게 살도록 유도하기 위해서 한 말이다. 석가는 도리어 이 세상에 나온 적이 없었다고 하는 것도 이런 말들이다. 그래서 이것을 진공실유眞空實有라고 한다. 진공은 자기가 없다는 말이고 실유는 자기 자신을 완성한다는 뜻을 말하는 것이다. 다만 이렇게 설명을 해 보면 이 장의 말이 한층 더 수준 높게 보인다.

第八章 上善若水

上善若水 水善利萬物而不爭 處衆人所惡 故幾於道矣 居善地 心善
상선약수 수선리만물이부쟁 처중인소오 고기어도의 거선지 심선

淵 與善仁 言善信 政善治 事善能 動善時 夫惟不爭 故無尤矣
연 여선인 언선신 정선치 사선능 동선시 부유부쟁 고무우의

최고의 선善은 물과 같다. 물은 만물을 이롭게 하고 다투지 않는다. 뭇사람들이 싫어하는 곳에 머문다. 그래서 도道에 가깝다. 낮은 땅으로 흘러가고, 마음은 연못처럼 고요하고, 더불어는 인자하고, 믿을 수 있는 말만 하고, 다스리면 잘 살 수 있게 하고, 못하는 일 없고, 움직이면 항상 때에 맞는다. 오직 다투지 않기 때문에 그래서 허물이 없다.

권재구의

此章又以水喩無容心之意 上善者 至善也 謂世間至善之理 與水一同 水之爲善 能利萬物 而何嘗自以爲能 順流而不逆不爭也 就卑就濕 不以人之所惡爲惡也 以此觀水 則近於道矣 幾者 近也 居善地 言居之而安也 心善淵 言其定而靜也 與善仁 言其仁以及物也 言善信 言出口皆實理也 政善治 以之正國則必治也 事善能 以之處事則無不能也 動善時 隨所動而皆得其時也 此七句 皆言有道之士 其善如此 而不自以爲能 故於天下無所爭 而亦無尤怨之者 此卽汝惟不爭 天下莫與汝爭能也 解者多以此爲水之小善七 故其說多牽强 非老子之本旨

이 장도 물로써 무용심無容心[내가 했다는 마음이 없는 것]을 비유한 것이다. 상선上善, 최고로 착한 것은 지선至善, 지극히 착한 것인데, 이 세상에서 제일 착한 것은 물과 같다고 말하는 것이다. 물이 착한 것은 만물을 이롭게 해 주면서도 자기가 잘났다고 스스로 생각하지 않는 것이다. 순리대로 흐르지만 거스르거나 싸우지도 않는다. 낮은 데로 내려가고 습한 데로 나아간다. 사람들이 싫어하는 곳을 싫어하지 않는다. 이런 물을 보면, 도에 가깝다. 기幾는 가깝다는 말이다. 좋은 땅에 거居한다는 것은 거기에 사는 데 아주 편안하다는 말이다. 심선연心善淵은 그 정한 것이 고요하다는 말이다. 여선인與善仁은 그 사랑을 베푸는 데 모든 사물에게 미친다는 말이며, 언선신言

善信은 말을 하면 이치에 맞는 말을 한다는 것이다. 정선치政善治는 나라를 바로잡는 데 있어 반드시 잘 다스려지게 한다는 것이다. 사선능事善能은 일을 하는 데 능하지 않음이 없다는 것이다. 동선시動善時는 그 움직임에 따라서 그 때를 얻는다는 것이다. 이 일곱 구절은 다 도道가 있는 선비를 말하는 것이다. 그 잘하는 것이 이와 같아도, 자기 스스로 자기가 잘났다 하지는 않는다. 그래서 천하가 이런 성인과는 다투는 것이 없다. 또한 허물하거나 탓하고 원망하는 사람도 없다. 이것이 곧 여유부쟁汝惟不爭 천하막여여쟁능天下莫與汝爭能이다.[서경 대우모에 우임금을 가리켜 너는 오직 다투지 않으니, 천하가 너와 더불어 싸울 수 없다.] 대부분은 이 말이 물의 좋은 점 일곱 가지를 말하는 것이라고 해석하는데 이것은 억지로 해석하는 것이고, 본래 노자의 뜻도 아니다.[물의 특징이 아니라, 성인의 특징을 말하려는 것이다.]

第九章 持而盈之

持而盈之 不如其已 揣而銳之 不可長保 金玉滿堂 莫之能守 富貴
지 이 영 지 불 여 기 이 췌 이 예 지 불 가 장 보 금 옥 만 당 막 지 능 수 부 귀

而驕 自遺其咎 功成名遂身退 天之道
이 교 자 유 기 구 공 성 명 수 신 퇴 천 지 도

움켜쥐고 있으면서 더 채우려는 것은 그만두는 것만 같지 못하다. 그 칼날을 더 날카롭게 하면 더 오래 보전할 수 없다. 금과 옥이 집에 가득 차도 능히 그것을 지킬 수가 없다. 부귀를 누리면서 교만하면 저절로 그 허물이 남게 된다. 공명功名을 이루면 몸은 물러나는 것이 하늘의 도道이다.

권재구의

此章只言進不如退 故以持盈揣銳爲喩 器之盈者必溢 持之則難 不如不盈之易持 已者 勿盈之意也 揣 治也 銳銛也 治器而至於極銛極銳 無有不折 不若不銳者 可以長保 富而至於金玉滿堂 必不能長保 居王公之位 而至於驕盈 必遺其咎 故欲全其功 保其名者 必知早退 乃爲天道 功成名遂 是隨其大小 而能自全者 故曰成 曰遂 若不知自足 則何時爲成耶 何時爲遂耶 此四字須子細看

이 장도 단지 나아가는 것이 물러나는 것만 못하다는 것을 말한다. 그래서 지영持盈 췌예揣銳로 비유한 것이다. 그릇에 자꾸 채우려 하면 반드시 넘친다. 물을 가득 채운 그릇은 안 쏟고 가져가기 어렵다. 덜 채운 그릇을 쉽게 가져가는 것만 못하다. 이已는 가득 채우지 말라는 뜻이다. 췌揣는 다스린다는 뜻이며, 칼날을 더욱 예리하게 하는 것이다. 쟁기 같은 기물을 다스리는 데 너무 지나치게 날카롭게 하고 너무 지나치게 예리하게 하다 보면 꺾어지지 않음이 없은즉, 칼날을 거의 세울 수가 없다는 말이다. 뭔가 몸체를 세우고 있어야 날이 서는 것인데, 덜 날카롭게 하여 오래 보전하는 것만 같지 못하다. 부자가 되어 금과 옥으로 집이 가득 차서 발 들일 틈이 없게 되면, 반드시 오래 보전할 수가 없게 된다. 왕공의 지위에 있어도 너무 교만하고 넘치면 반드시 그 허물이 있게 된다. 그래서 그 공功과 이름을 보전하고 싶으면 빨리 물러날 줄을 반드시 알아야 한다. 이것이 천도를 따르는 것이다. 공성명수功成名遂란 크고 작은 일에 따라 스스로 자기를 온전하게 하는 것이다. 그래서 성成이요, 수遂라고 말한 것이다. 만약 자족할 줄 모르면 어느 때에 이루었다고 하겠으며, 또 어느 때에 이제는 다 되었다 하겠는가 말이다. 공성명수功成名遂라는 이 네 글자는 자세히 들여다보아야 한다.

第十章 載營魄

載營魄 抱一能無離乎 專氣致柔 能如嬰兒乎 滌除玄覽 能無疵乎
재영백 포일능무리호 전기치유 능여영아호 척제현람 능무자호
愛民治國 能無爲乎 天門開闔 能無雌乎 明白四達 能無知乎 生之
애민치국 능무위호 천문개합 능무자호 명백사달 능무지호 생지
畜之 生而不有 爲而不恃 長而不宰 是謂玄德
축지 생이불유 위이불시 자이부재 시위현덕

혼魂이 백魄을 타고 있어야, 정신과 육체가 포일抱一이 되어 능히 떠나지 않게 된다. 정신과 육체가 떨어지면 정신분열이 일어난다. 기운을 오로지 부드럽게 하여 어린아이와 같이 될 수 있겠는가. 흠이나 때를 씻어 내어 거울같이 맑게 자신의 지혜에 아무런 티끌이 없게 할 수 있겠는가. 백성들을 사랑하고 나라를 다스려 무위無爲의 정치를 할 수 있겠는가. 하늘의 문이 열리고 닫히듯 자연의 짝짓기를 할 수 있겠는가. 지혜롭고 사방에 통달하여 무지無知[통일지統一智]를 지킬 수 있겠는가. 낳아 주고 길러 주며, 낳아도 그것을 내 것이라고 소유하지 않고, 내가 해도 그것을 자랑하지 않고, 길러 주지만 부리지 않는 것을 일러 현덕玄德이라 한다.

권재구의

營 魂也 神也 魄 精也 氣也 此三字 老子之深意 載 猶車載物也 安一載字在上 而置營魄二字於下 如謎語然 魄以載營則爲衆人 營以載魄 則爲聖人 合而言之 則營魄爲一 離而言之 則魂魄爲二 抱者 合也 其意蓋曰能合而一之使無離乎 將離而二之乎 故曰抱一能無離乎 此六字 意亦甚隱 正要人自參自悟也 嬰兒未有聞見則其氣專 致者 極也 柔者 順也 能如嬰兒專氣致柔 則能抱一矣 故曰 能如嬰兒乎 此老子設問之語也 蓋曰人能如此乎 此下數句皆然 蕩滌瑕垢而觀覽玄冥 則必有分別之心 無疵者 無分別也 雖蕩滌瑕垢 而有不垢不淨之心 則能抱一矣 有愛民治國之功 而有無爲而爲之心 則能抱一矣 陰陽闔闢 有雌雄交感之理 而無雌雄交感之心 則能抱一矣 天門 卽天地間自然之理也 此亦借造物以爲喩 緣此等語 遂流入修養家 或有因是而爲邪說者 誤世多矣 明白四達 無所不通也 而以無知爲知則抱一矣 生之畜之 言造化之間 生養萬物也 造物何嘗視之以爲有 何嘗持之以爲能 雖爲萬物之長 而何嘗有 宰制萬物之心 如此而後謂之玄妙之德 此章之意大抵主於無爲而爲 自然而然 無爲自然則其心常虛 故以神載魄 而不以魄載神 此聖人之事 以魄載神則著迹矣 老子一書 大抵只是能實而虛 能有而無 則爲至道 縱說橫說 不過此理

영營은 혼魂이고 신神이다. 백魄은 정精이고 기氣이다. 재영백載營魄 세 글자에 노자의 아주 깊은 뜻이 있다. 재載는 수레에 물건을 싣는 것을 말한다. 어찌 재載 한 글자를 맨 위에 놓고, 영백營魄 두 글자를 아래에 놓았을까. 수수께끼와 같다. 백魄이 영營을 타고 있으면, 즉 육체가 정신을 지배하면, 중인衆人이 되고, 영營이 백魄을 타고 있으면, 즉 정신이 육체를 지배하면 바로 성인聖人이 된다. 이것을 합해서 말하면 영營과 백魄, 정신과 육체가 하나 되고, 떨어져서 말하면 혼魂과 백魄이 둘로 나눠진다는 것이다. 포抱는 합쳐지는 것이다. 능히 혼과 백이 합해져 하나가 되어, 혼과 백이 따로 놀지 않는다. 따로 놀면 둘이 된다. 그래서 포일능무리호抱一能無離乎, 정신과 육체가 하나가 되어야지 따로 놀면 안 된다고 말한 것이다. 이 여섯 글자의 뜻이 또한 깊고 은밀해서 보통 사람은 스스로 참구參究하여 깨쳐야 한다. 갓난아기는 듣는 것도 본 것도 없지만 기운 덩어리이다. 치致는 극極이고 유柔는 순順, 부드럽다는 말이다. 능히 갓난아기와 같이 기운이 꽉 차고 부드러워 넘어져도 안 다치게 되면 곧 포일抱一이 된 것이다. 그래서 갓난아기와 같을 수 있겠느냐고 말한 것이다. 노자의 이런 질문은 너희들도 능히 이와 같을 수 있겠느냐고 우리에게 던지는 말이다. 이 아래의 질문도 다 같은 말이다. 때와 허물을 깨끗이 씻고, 깊이 학문을 연구하다 보면 반드시 분별심이 생긴다. 무자無疵는 분별심이 없는 것이다. 비록 때와 허물을 깨끗이 씻어도, 불구부정不垢不淨, 더러움도 없고 깨끗함도 없는 경지가 되어야 능히 포일抱一이다. 백성을 사랑하고 나라를 다스리는 공功도 내가 했다는 생각이 없어야, 포일抱一이다. 음양합벽陰陽闔闢은 암컷과 수컷이 서로 교감하는 이치인데 이것도 남녀관계에서 벗어나 자연의 짝짓기가 되어야 능히 포일抱一이 된다. 천문天門도 하늘과 땅 사이의 자연 이치이다. 이것도 또한 자연을 빌려서 비유한 것이다. 이런 말들이 수양가修養家들에게 흘러 들어가 사설邪說이 되어 세상을 잘못 이끌었다. 명백사달明白四達은 통하지 않는 곳이 없다는 말로 무지無知로 지知를 삼아 하나로 합해진다는 것이다. 낳아서 길러 준다는 말은 자연의 조화로 만물을 다 길러 준다는 말이다. 자연이 만물을 길러 주는데 내가 길러 주었다고 하는 것을 보았느냐. 낳아서 길러 주었다고 자연이 자랑을 하더냐. 비록 인간이 만물의 영장이라도 어찌 자연을 소유하며 만물을 마음대로 하려는 마음을 가지겠는가. 이와 같이 되어야 현묘한 덕이라고 한다. 이 장의 뜻은 크게 보면 해도 함이 없이 하고, 자연이 그렇게 됨을 이야기하는 것이다. 무위자연無爲自然은 그 마음이 항상 텅 비어 있는 것이다. 그래서 정신이 육체를 지배하는 것이다. 육체가 정신을 지배하게 두면 안 된다. 이것이 성인聖人의 일이다. 육체가 정신을 지배하면 죄악에 빠져 흔적을 남긴다. 노자 한 권이 다 실實과 허虛, 유有와 무無를 능히 하나로 합쳐야 지극한 도道가 된다는 것이다. 이렇게도 말하고 저렇게도 말했지만 같은 이치를 말할 뿐이다.

第十一章 三十輻

三十輻共一轂 當其無 有車之用 埏埴以爲器 當其無 有器之用 鑿
삼 십 폭 공 일 곡 당 기 무 유 거 지 용 선 치 이 위 기 당 기 무 유 기 지 용 착

戶牖以爲室 當其無 有室之用 故有之以爲利 無之以爲用
호 유 이 위 실 당 기 무 유 실 지 용 고 유 지 이 위 리 무 지 이 위 용

바퀴살이 30개가 있는데 바퀴 가운데는 비어 있다. 바퀴 가운데가 비어 있기 때문에 수레를 사용할 수가 있다. 흙을 잘 이겨서 그릇을 만드는데, 그릇 안이 비어 있어 그 그릇을 이용할 수가 있다. 문과 들창을 내어 방을 만드는데, 그 방 안의 빈 공간이 있어 방을 쓸 수 있다. 그래서 있는 것을 이용해서 없는 것을 쓸 수가 있다.

권재구의

轂 車中之容軸者也 軸輪之股也 轂惟虛中 故可以行車 埏埴 陶者之器也 虛而員 故可以成器 戶牖 室中之通明處也 此三者 皆是譬喻虛者之爲用 故曰有之以爲利 無之以爲用 車器室 皆實有之利也 而其所以爲車爲室爲器 皆虛中之用 以此形容 一無字 可謂奇筆

곡轂은 수레바퀴 가운데에 축을 받아들이는 구멍이자 축을 돌아가게 하는 바퀴통이다. 곡轂이 비어 있어야 수레가 갈 수 있다. 선치埏埴는 흙으로 구워 만든 질그릇이다. 안이 비어 있고 둥글어서 그릇 구실을 한다. 문이나 들창은 방에 빛이 들어오게 하여 방을 밝게 한다. 이 세 가지는 모두 비어 있어야 활용할 수 있음을 비유한 것이다. 그래서 있는 것을 이용해서 없는 빈 공간을 사용할 수 있다고 말한 것이다. 수레바퀴나 그릇이나 방이나 실제로 있는 것을 다 이용해서, 수레가 되고 방이 되고 그릇이 되는 까닭은 빈 공간을 활용하기 때문이다. 이것으로써 '무無'라는 한 글자를 표현한 것인데 아주 기가 막히게 설명하였다.

第十二章 五色

五色令人目盲 五音令人耳聾 五味令人口爽 馳騁田獵令人心發狂 難
오 색 영 인 목 맹 오 음 영 인 이 농 오 미 영 인 구 상 치 빙 전 렵 영 인 심 발 광 난

得之貨 令人行妨 是以聖人爲腹不爲目 故去彼取此
득 지 화 영 인 행 방 시 이 성 인 위 복 불 위 목 고 거 피 취 차

오색五色은 사람들 눈을 멀게 한다. 오음五音은 사람들 귀를 멀게 한다. 오미五味는 사람들의 제맛을 잃게 한다. 말달리며 사냥질하는 것은 사람들 마음을 미치게 만든다. 얻기 어려운 보화는 사람들이 사람 구실을 못하게 만든다. 성인聖人은 배로 하고 눈으로 하지 않는다. 그래서 저것을 떠나 이 것을 취한다.

권재구의

目盲 謂能惑視也 耳聾 謂能惑聽也 口爽 失正味也 心發狂 不定也 行妨 謂妨害德行也 此五者 皆務外而失內 腹 內也 目 外也 聖人務內不務外 故去彼而取此 彼上五者也 此道也 老子諸章 結語多精絶 務外亦不特此五事 擧其凡可以類推

눈이 먼다는 것은 혹해서 보는 것을 말한다. 귀가 먹은 것은 혹해서 듣는 것을 말한다. 구상口爽이란 바른 맛을 잃은 것이다. 심발광心發狂은 마음이 일정하지 않고, 정신이 분열된 것이다. 행방行妨은 사람 구실을 방해하는 것이다. 이 다섯 가지는 다 밖을 힘쓰고 안을 잃어버린 것이다. 복腹은 안이고 목目은 바깥이다. 성인은 안을 힘쓰고 밖을 힘쓰지 않는다. 그래서 저것에서 떠나 이것을 취한다고 하는 것이다. 피彼는 위의 다섯 가지이다. 차此는 도道이다. 노자의 여러 장들의 결론은 다 이렇게 절묘하다. 밖을 힘쓴 것이 어찌 다섯 가지에 국한되겠는가만, 그 대강을 들었으니 그 나머지를 유추할 만하다.

第十三章 寵辱若驚

寵辱若驚 貴大患若身 何謂寵辱 辱爲下 得之若驚 失之若驚 何謂
총욕약경 귀대환약신 하위총욕 욕위하 득지약경 실지약경 하위
貴大患若身 吾所以有大患者爲吾有身 及吾無身 吾有何患 故貴以身
귀대환약신 오소이유대환자위오유신 급오무신 오유하환 고귀이신
爲天下 則可寄於天下 愛以身爲天下 乃可以託於天下.
위천하 즉가기어천하 애이신위천하 내가이탁어천하

감투를 쓰든 떨어지든 놀란 듯이 하라. 큰 환란을 자기 몸처럼 귀하게 생각하라. 무엇을 총욕이라 하는가. 총애가 변해 아래가 되니, 얻어도 놀란 듯이, 잃어도 놀란 듯이 하라. 큰 환란을 제 몸처럼 귀하게 여기라는 말은 무슨 말인가. 내게 큰 환란이 있는 까닭은 내 몸이 있어서 그렇다. 내 몸이 없으면 무슨 걱정이 있겠나. 그래서 제 몸을 천하와 같이 귀하게 여기면 천하를 맡길 수 있고, 천하보다 자기 몸을 더 사랑할 수 있는 사람, 세상에 안 끌려다녀 철이 든 사람에게 천하를 의탁할 수 있다.

권재구의

若 而也 寵辱不足驚 而人驚之 身爲大患 而人貴之 先提起兩句 下面却解 何謂者 不足言也 寵辱一也 本不足言 而人以辱爲下 自萌好惡之心 故得之失之皆能驚動其心 此卽患得患失之意 身者我之累也 無身則無累矣 而人反以爲貴 是不知其眞身之身也 知其眞身之可貴 知其眞身之可愛 雖得天下不足以易之 人能如此則可以寄託於天下之上矣 寄託二字 便有天下不與之意 此章兩何謂 自有兩意 乃古文之妙處

'약若'은 '그런데而' 이다. 총욕이 문제가 아니라 사람이 문제다. 몸이 큰 골칫거리가 되는 것은 사람들이 귀하게 여기기 때문이다. 먼저 이 두 구절을 제기한 것은 아래의 글을 이해시키기 위해서다. 하위何謂란 말할 필요가 없다는 말이다. 총寵이나 욕辱이나 똑같아서 본래 말할 필요가 없는데, 사람들이 욕은 아래로 삼아, 스스로 좋고 나쁜 것을 구별해 놓았기 때문이다. 그래서 감투를 얻어도 잃어도, 다 그 마음이 놀라는 것이다. 이것은 얻어도 걱정, 잃어도 걱정을 뜻하는 것이다. 몸이 나의 골칫거리이다. 몸이 없으면 아무런 문제도 없다. 사람들이 도리어 눈에 보이는 몸뚱이를 귀하게 여겨서 그렇다. 참몸[眞身]을 몰라서 그렇다. 진짜 나를 귀하게 여길 줄 알아야 하고 진짜 나를 사랑할 줄 알아야 한다. 진짜 나는 천하하고도 바꿀 수 없다. 사람들이 이와 같이 할 수 있으면, 천하보다 더한 것도 맡길 수 있다. 기탁寄託 두 글자에는 천하를 얻되 천하에 간섭하지 않는다는 뜻이 있다. 이 장에 두 번 나오는 하위何謂는 두 가지 뜻이 있다. 첫 번째는 총욕에 빠지지 말라는 뜻이고, 두 번째는 진짜 내가 무엇인가라는 뜻이다. 이것이 옛 문장의 맛깔스런 부분이다.

第十四章 視之不見

視之不見　名曰夷　聽之不聞　名曰希　搏之不得　名曰微　此三者不可
시지불견　여왈이　청지불문　명왈희　박지부득　명왈미　차삼자불가

致詰　故混而爲一　其上不皦　其下不昧　繩繩兮不可名　復歸於無物
치힐　고혼이위일　기상불교　기하불매　승승혜불가명　복귀어무물

是謂無狀之狀　無象之象　是謂惚恍　迎之不見其首　隨之不見其後　執
시위무상지상　무상지상　시위홀황　영지불견기수　수지불견기후　집

古之道以御今之有　能知古始　是謂道紀
고지도이어금지유　능지고시　시위도기

보아도 보이지 않으므로 이夷라고 하고, 들어도 들리지 않으므로 희希라고 이름하며, 잡으려고 해도 잡을 수가 없으므로 미微라고 한다. 이 세 가지는 따져 알 수 없으므로 통째로 하나가 된다. 그 위를 보아도 밝지가 않고, 그 아래를 보아도 어둡지가 않다. 새끼줄처럼 이어져 내려와서 이름을 붙일 수가 없고, 한 물건도 없는 데로 다시 돌아가므로 이것을 가리켜서 모양이 없는 모양, 물건이 없는 형태의 상象이라고 한다. 이것을 황홀恍惚이라고 이른다. 맞이해도 그 머리를 볼 수가 없고, 쫓아가도 그 뒤를 볼 수가 없다. 옛날의 도를 잡아 지금의 유有를 다스리니, 태초를 알 수 있음을 일러 도기道紀라고 한다.

권재구의

此章形容道之無迹 夷 平也 希微 不可見之意 三字初無分別 皆形容道之不可見不可聞不可得耳 搏執也 三者 希夷 微也 三者之名不可致詰 言不可分別也 故混而一者 言皆道也 此兩句 是老子自解上三句 老子自曰 不可致詰 而解者 猶以希夷微分別之 看其語脉不破故有此拘泥耳 不皦不明也 不昧 不暗也 上下 俯仰也 上下二字亦不可拘 但言此道 不明不暗 上下求之 皆不可見耳 繩繩 多也 多而不可名 其終皆歸於無物 故爲無狀之狀 無象之象 所謂無狀之狀無象之象 亦惚恍耳 迎之而不見其首 無始也 隨之而不見其後 無終也 執古之道 言其初自無而出也 以其初之無 而御今之有 則可以知古始之所謂道者矣 紀綱紀也 道紀 猶曰人紀 猶曰王道之綱也

이 장에서도 도道는 흔적이 없다는 것을 표현하였다. 이夷는 평平이며, 희미希微는 가히 볼 수 없다는 뜻이다. 이 세 글자는 처음부터 나누어서 구별할 수 없고, 도道라고 하는 것은 볼 수도, 들을 수도, 잡을 수도 없는 것을 표현한 것이다. 박搏은 잡는다는 뜻이다. 세 가지란 희希, 이夷, 미微이며 그 이름이다. 불가치힐不可致詰은 나누어 구별할 수 없다는 말이다. 그래서 이것을 통째로 하나라고 한 것인데, 다 도道를 말하는 것이다. 이 두 구절, 불가치힐不可致詰과 혼이위일混而爲一을 노자 자신은 세 가지 구절로 풀어 이야기하였다. 노자가 스스로 말하기를 머리로 헤아려 알 수 없다고 한 것을 오히려 희이미希夷微로 나누어 구별을 한다면 문장의 맥락을 꿰뚫어 보지 못하고 희이미希夷微에 사로잡혀 진흙탕에 처박히고 만다. 불교不皦는 밝지 않다는 것이다. 불매不昧는 어둡지 않다는 것이다. 상하上下는 구부리고 쳐다본다는 것이다. 상하上下, 두 글자에도 구애 받을 필요가 없다. 다만 이 도道라는 것이 밝지도 어둡지도 않아서 위아래로 구하여도 다 볼 수 없음을 말하는 것이다. 승승繩繩은 많다는 것인데, 많이 나와서 그 이름을 붙일 수가 없다. 결국엔 다시 물건이 없는 곳으로 돌아가니, 모양이 없는 모양이 되는 것이다. 형태가 없는 형태는 이른바 모양이 없는 모양이고, 또한 황홀이다. 맞이해 나가도 그 머리를 볼 수 없다는 말은 시작이 없다는 말이고, 쫓아가도 그 뒤를 볼 수 없다는 것은 끝이 없다는 말이다. 집고지도執古之道, 옛날의 도를 잡는다는 말은 태초에 무로부터 나왔다는 말이다. 태초의 무無를 가지고, 지금의 유有를 다스리기 때문에, 태초의 도를 안다고 한 것이다. 기紀는 큰 그물을 말하고, 도기道紀는 사람의 법이다. 왕도 정치의 핵심이라고 말한 것과 같다.

第十五章 古之善爲士

古之善爲士者 微妙玄通 深不可識 夫惟不可識 故强爲之容 豫兮若
고지선위사자 미묘현통 심불가식 부유불가식 고강위지용 예혜약
冬涉川 猶兮若畏四隣 儼若客 渙若氷將釋 敦兮其若樸 曠兮其若谷
동섭천 유혜약외사린 엄약객 환약빙장석 돈혜기약박 광혜기약곡
渾兮其若濁 孰能濁以靜之徐淸 孰能安以久之徐生 保此道者不欲盈
혼혜기약탁 숙능탁이정지서청 숙능안이구지서생 보차도자불욕영
夫惟不盈 是以能敝不新成
부유불영 시이능폐불신성

옛날의 좋은 선비는 미묘 현통한 사람이라 그 깊이를 알 수 없다. 알 수 없기 때문에 억지로 표현하자면 겨울에 개울을 건너듯 주저하고, 사방을 두려워 지키듯 망설이고, 손님을 공경하듯이 한다. 얼음이 녹듯이 환하게, 통나무같이 돈독하게, 골짜기같이 텅 비어 있고, 탁하듯이 혼연일체가 되어 있다. 누가 능히 탁함으로 가만히 천천히 맑게 하겠는가. 누가 능히 편안함으로 오래 움직여 서서히 살아나게 하겠는가. 이 도를 깨달은 자는 채우려 하지 않는다. 채우려 하지 않기 때문에 새롭게 만들려 하지도 않는다.

권재구의

此章形容有道之士 通於玄微妙 可謂深於道矣 而無所容其識知 惟其中心之虛 不知不識 故其容之見外者 皆出於無心 故曰强爲之容 豫兮以下 乃是形容有道者之容 自是精到 冬涉川難涉之意也 豫容與之與也 遲回之意也 猶 夷猶也 若人之畏 四隣 而不敢有爲也 客者 不自由之意 儼 凝定也 渙 舒散也 若氷之將釋 似散而未散也 敦 厚也 樸渾然之意也 曠達也 谷虛也 渾兮其若濁 澄之而不淸 撓之而不濁也 於濁之中 而持之以靜 則徐而自淸 安 不動也 安之而久 徐徐而動 故曰徐生 孰能者 言孰能若此乎 徐優游之意也 此兩句 只是不淸不濁 不動不靜濁中有淸 動中有靜耳 不欲盈者 虛也 敝故也 保此道者 其中常虛 則但見故而不新 此便是首章 所謂常道 處敝而不新 則千載如一日矣 能加此而後 爲道之大成 是以能敝不新 是一句 成是一句

이 장은 깊은 진리에 통한 선비를 표현한 것이다. 깊은 도는 분별지로는 알 수 없는 세계이다. 오직 마음이 비어 있어야 부지불식간에 그 모습이 밖으로 나타나는데, 다 무심無心에서 나온다. 그래서 억지로 그 모습을 그려 본다고 한 것이다. 예혜豫兮 이하는 도가 있는 사람의 모습을 자세하게 그린 것이다. 동섭천冬涉川은 건너기가 어렵다는 말이고, 예豫는 몹시 느리게 천천히 돌아간다는 뜻이다. 유猶는 주저한다는 말이다. 사람이 사방을 경계하듯이, 감히 하지 못하는 것을 말한다. 객客은 자유롭지 못하다는 뜻이다. 엄儼은 응어리져 굳은 것을 말한다. 환渙은 풀어져 녹는 것인데, 얼음이 녹아 흩어지는 것 같지만 흩어지지 않는 것과 같다. 돈敦은 두텁다는 것이고, 박樸은 통째로의 뜻이다. 광曠은 활달이며, 곡谷은 비었다는 말이다. 혼혜기약탁渾兮其若濁이란 맑게 하려 해도 맑아지지 않고 휘저어도 흐려지지 않는다는 말이다. 탁한 가운데에 가만히 있으면 저절로 맑아지는 것이다. 안安은 움직이지 않는다는 말이고, 움직이지 않고 오래하면 천천히 살아나는데, 이를 서생徐生이라고 하였다. 숙능孰能이란 누가 능히 이와 같이 할 수 있겠느냐는 말로 유유자적의 뜻이다. 이 두 구절은 다만 맑지도 탁하지도 않고 움직이지도 고요하지도 않아, 탁한 가운데 맑음이 있고, 움직임 속에 고요함이 있다는 것이다. 불욕영不欲盈이란 비었다는 말이고 폐敝는 오래되었다는 뜻이다. 이 도를 간직한 사람은 그 중심이 늘 비어 있어 단지 낡은 것 같아 보이지만 새롭게 뜯어고치지 않는다. 이 책의 첫 장에 나오는 이른바 상도常道이다. 낡았지만 새로 고치지 않으니, 즉 천년이 하루 같다. 이와 같이 된 후에야 도가 완전히 이루어진다. 이렇게 해서 능폐불신能敝不新 한 구절이 유명한 구절이 되었다.

第十六章 致虛極

致虛極 守靜篤 萬物並作 吾以觀其復 夫物芸芸 各歸其根 歸根曰
치허극 수정독 만물병작 오이관기복 부물운운 각귀기근 귀근왈

靜 靜曰復命 復命曰常 知常曰明 不知常 妄作凶 知常容 容乃公 公
정 정왈복명 복명왈상 지상왈명 부지상 망작흉 지상용 용내공 공

乃王 王乃天 天乃道 道乃久 沒身不殆
내왕 왕내천 천내도 도내구 몰신불태

비움을 극極에 이르게 하고 고요함을 독실하게 지켜라. 만물이 다 같이 일어난다. 나는 그 돌아감을 본다. 만물이 다양하게 출현하여 각각 그 뿌리로 돌아간다. 뿌리로 돌아가는 것을 정靜이라고 한다. 이것을 일러 복명復命, 천명을 회복함이라 하고, 복명復命을 상常, 영원이라고 한다. 영원을 아는 것을 명明, 지혜라고 한다. 영원을 모르면 망령되이 일을 저질러 흉하게 된다. 영원을 알면 받아들일 수 있고, 받아들이면 공정하게 되고 공정하면 왕이 되고, 왕이 되면 하늘을 알 수 있고, 하늘을 알면 진리를 알 수 있고, 진리를 알면 오래갈 수 있다. 결국 죽어도 위태롭지 않다.

권재구의

致虛 致知之致也 學道至於虛 虛而至於極 則其守靜也篤矣 篤 固也 能虛能靜 則於萬物之並作 而觀其復焉 作 生也 復歸根復命之時也 此便是常無欲以觀其妙 常有欲以觀其竅 芸芸猶紛紛也 物之生也 雖芸芸之多 而其終也 各歸其根 旣歸根矣 則是動極而靜之時 此是本然之理 於此始復 故曰復命得至復命處 乃是常久而不易者 能知常久而不易之道 方謂之明 此便是道可道非常道 名可名非常名之意 人惟不知此常久 不易之道 故有妄想妄動 皆失道之凶也 知常則其心與天地同大何物不容 旣能容矣 則何事不公 王天下者卽此公道是也 以公道而王 則與天同矣 天卽道也 故曰王乃天 天乃道 久常也 人能得此常道 則終其身無非道也 又何殆乎 自天子以至庶人皆然

치허致虛는 격물格物치지致知의 치致이다. 도를 배우려면 허虛에 이르러야 하고 비우면 지극해져서 정靜을 지키는 것이 돈독해진다. 독篤은 확고함이다. 능히 비우고, 능히 고요해야 만물이 함께 일어나 그 돌아감을 볼 수 있다. 작作은 탄생이다. 뿌리로 돌아가고 천명을 회복하는 때가 곧 제1장의 상무욕이관기묘常無欲以觀其妙이요, 상유욕이관기요常有欲以觀其徼이다.[상무는 그 신비함을 보고자 하는 것이요, 상유는 그 속에 텅 빈 구멍을 보고자 하는 것이다.] 운운芸芸은 복잡하고 어지러움을 말한다. 만물이 나올 때는 비록 어지럽고 복잡하나 그 끝은 각각 그 뿌리로 돌아간다. 이미 뿌리로 돌아간즉 움직임이 극에 달해 고요할 때이다. 이것이 본연의 이치이며, 이에 다시 시작이 있다. 그래서 복명復命이라고 한다. 복명처에 이르렀다는 것은 곧 영원불변이라는 것이다. 이러한 영원불변의 진리를 알아야 명明이라고 할 수 있다. 이것은 곧 도가도비상도道可道非常道, 명가명비상명名可名非常名의 뜻이다. 사람이 영원불변의 진리를 모르면 망상과 망동을 일삼는다. 다 도를 잃어버린 흉한 일이다. 영원을 알면 그 마음이 천지와 같이 크니 어떤 물건인들 받아들이지 못할 것이며, 어떤 일인들 공평하지 않겠는가. 천하에 왕 노릇하는 자가 곧 이러한 공평한 도를 행하고, 이 공평한 도로써 왕 노릇하면 하늘과 더불어 하나가 되고, 하늘이 곧 진리이다. 그래서 말하기를 왕이 곧 하늘이고 하늘이 도이며 영원하다고 하였다. 사람이 능히 이런 상도常道를 얻으면 죽기까지 도道 아닌 것이 없고, 또 어찌 위태함이 있겠는가. 사회적 신분이 높은 천자에서부터 일반 서인庶人에 이르기까지 다 마찬가지이다.

第十七章 太上

太上下 知有之 其次親之 譽之 其次畏之 其次侮之 故信不足焉 有
태상하 지유지 기차친지 예지 기차외지 기차모지 고신부족언 유
不信 猶兮其貴言 功成事遂 百姓皆曰我自然
불신 유혜기귀언 공성사수 백성개왈아자연

최고의 지도자는 백성들이 지도자가 있다는 것만 아는 것이다. 그다음은 백성들이 지도자와 친하고, 지도자를 자랑스러워한다. 그다음은 지도자를 두려워한다. 그다음은 뭐 저런 것이 지도자야 하고 무시한다. 지도자에 대한 믿음이 부족하면 불신이 생긴다. 최고의 지도자는 편안한 마음으로 말을 귀하게 여겨도, 공사功事가 다 이루어진다. 따라서 백성들은 다 자기 힘으로 잘 산다고 말한다.

권재구의

太上 言上古之世也 下 天下也 上古之時 天下之人 但知有君而已 而皆相忘於道化之中 及其後也 民之於君 始有親譽之意 又其後也 始有畏懼之意 又其後也 始有玩侮之意 此言世道愈降愈下矣 上德旣衰 誠信之道 有所不足 故天下之人 始有不信之心 此商人作誓民始叛 周人作會民始疑之意 民旣不信矣 而爲治者猶安然以言語爲貴 故有號令敎詔之事 豈不愈重民之疑乎 猶夷猶也 猶兮 乃安然之意 太上之時 功旣成矣 事旣遂矣 天下之人 陰受其賜 而不自知 皆曰 我自然如此所謂帝力於我何加是也 旣謂貴言之非 而以此一句結之 是傷今而思古也

태상太上은 상고上古시대를 말한다. 하下는 천하다. 상고시대에 천하의 사람들은 지도자가 있다는 사실만 알았을 뿐이고 왕도정치의 영향을 받아 서로의 존재를 잊고 있었다. 그 후에 백성들은 지도자에 대해 친하게 그리고 자랑스럽게 생각하였다. 그다음은 두려움에 떨었고, 그다음은 지도자에게 농을 하고 무시하기 시작하였다. 이것은 세상이 더욱 타락하였다는 말이다. 상덕上德이 이미 쇠해지자, 성실함과 믿음이 부족해지고, 천하의 사람들이 지도자를 믿지 않는 마음이 생겼다. 은殷나라 사람들도 맹서를 했으나 백성들은 돌아섰고, 주나라 사람들도 약속을 했으나 백성들은 의심하기 시작하였다. 백성들이 이미 믿음을 잃자 위정자들은 오히려 더욱 말을 중히 여기게 되었다. 그래서 명령과 교칙을 자주 남발하였으니 백성들이 더욱 의심하지 않을 수 있었겠는가. 유猶는 쉽게, 유혜猶兮는 편안하게라는 뜻이다. 상고시대에는 공이 이미 이루어지고, 일이 완수되면 천하 사람들은 그 음덕을 입지만 스스로는 알지 못하였다. 다들 말하기를 자기 덕으로 이렇게 사는데 임금님이 나와 무슨 상관이 있느냐고 하였다. 말을 귀하게 여기지 않음이 이와 같았다. 이렇게 한 구절로 결론을 지었다. 지금의 시대에 속상하여 옛적을 그리워하게 한다.

第十八章 大道廢

大道廢 有仁義 智慧出 有大僞 六親不和 有孝慈 國家昏亂 有忠臣
대도폐 유인의 지혜출 유대위 육친불화 유효자 국가혼란 유충신

대도가 없어져서, 인의가 나온다. 인의가 없어져서 지혜가 나오고, 그다음은 거짓말쟁이들이 나온다. 가정에 불화가 있어야 효자가 나오고, 국가가 위험에 빠져야 충신이 나온다.

권재구의

大道行 則仁義在其中 仁義之名立 道漸漓矣 故曰 大道廢 有仁義 譬如智慧日出 而後天下之詐僞生 六親不和 而後有孝慈之名 國家昏亂之時 而後有忠臣之名 此三句皆是譬喩 以發明上一句也

대도가 행해지면 인의仁義는 그 가운데 있고, 인의仁義의 이름이 나기 시작하면 도道는 점차 엷어진다. 그래서 대도폐大道廢 유인의有仁義라고 하였다. 꾀 있는 놈들이 나올수록 사기꾼들이 나온다고 비유하였다. 가족 간의 불화가 있은 후에 효도니 사랑이니 하는 것이 나오게 되고, 국가가 혼란에 빠진 후에야 충신의 이름이 나오게 된다. 이 세 구절은 다 비유인데, 위의 한 구절 대도폐유인의大道廢有仁義의 뜻을 밝힌 것이다.

第十九章 絶聖棄智

絶聖棄智 民利百倍 絶仁棄義 民復孝慈 絶巧棄利 盜賊無有 此三
절성기지 민리백배 절인기의 민복효자 절교기리 도적무유 차삼

者以爲文不足 故令有所屬 見素抱樸 少私寡欲
자이위문부족 고영유소속 현소포박 소사과욕

성聖을 끊고 지智를 버리면, 백성들의 이익이 백배가 된다. 인仁을 끊고 의義를 버리면, 백성들이 다시 효도하고 자애로워진다. 기교를 끊고 이익을 버리면, 도적들이 없어진다. 이 세 가지는 말만으로 없앨 수가 없다. 그래서 법령으로 묶어 두어야, 소박함을 드러내고 순박함을 받들며, 사사로움을 적게 가지고 욕심을 줄이는 것이다.

권재구의

聖知之名出 而後天下之害生 不若絶之棄之 而天下自利 仁義之名出 而後有孝不孝 慈不慈 分別之論 不若絶而去之與道相忘 則人皆歸於孝慈之中 而無所分別也 巧利作而後盜賊起 不若絶而棄之 卽所謂不貴難得之貨 使民不爲盜也 聖知 仁義 巧利 三者 皆世道日趨於文 故有此名 以知道者觀之是文也 反不足以治天下 不若屬民而使之 見素抱樸少私寡欲 而天下自無事矣 令使也 屬 猶周禮屬民讀法之屬也 此意蓋謂 文治愈勝 世道愈薄 不若還淳反朴 如上古之時也 此亦一時憤世之言

성지聖知가 나와서 천하에 피해를 보는 것이, 성聖과 지知를 팔아먹고 사는 것을 없애, 천하가 저절로 좋아지는 것만 못하다. 인의를 강조하는 때가 되면 효니 불효니 자식을 사랑하니, 자식을 버렸느니 분별이 나온다. 이것은 그냥 인의를 따지지 말고, 도와 더불어 서로 잊는 것만 같지 못하다. 서로 잊고 살면 효도니 사랑이니 그런 분별이 없다. 교묘한 사기가 횡행한 후 낮도적들이 나온다. 말 잘하고 똑똑한 것을 다 버리는 것만 같지 못하다. 이른바 얻기 힘든 보화를 귀하게 여기지 않으면, 백성들이 도둑질을 하지 않는다. 성지聖智, 인의仁義, 교리巧利 이 세 가지는 세상의 정치를 점점 경박하게 만든다. 그래서 이런 이름이 나오게 된 것이다. 도를 아는 사람이 볼 때 겉치장하는 것들은 경박하고, 그것으로는 오히려 천하가 다스려지기 부족하다. 모든 백성들로 하여금 소박함을 드러내고 순박함을 받들며 사사로움을 적게 가지고 욕심을 줄이게 하여, 세상이 아무 문제가 없게 하는 것만 못하다. 영令은 하여금 사使이고, 속屬은 주례周禮에 백성을 모아 놓고 법을 가르친다는 속屬이다. 이 뜻은 다 정치가 경박해지고 세상인심이 각박해지면, 백성들이 순박하고 정직함을 회복하는 것만 못하다는 말이다. 옛날 이상사회가 그랬다. 이런 말들도 그 당시 잘못된 세상을 개탄한 말이다.

第二十章 絶學無憂

絶學無憂 唯之與阿 相去幾何 善之與惡 相去何若 人之所畏 不可
절학무우 유지여아 상거기하 선지여악 상거하약 인지소외 불가

不畏 荒兮其未央哉 衆人熙熙 如享太牢 如春登臺 我獨泊兮其未兆
불외 황혜기미앙재 중인희희 여향태뢰 여춘등대 아독박혜기미조

若嬰兒之未孩 乘乘兮若無所歸 衆人皆有餘 我獨若遺 我愚人之心
약영아지미해 승승혜약무소귀 중인개유여 아독약유 아우인지심

也哉 沌沌兮 俗人昭昭 我獨若昏 俗人察察 我獨悶悶 澹兮其若海
야재 돈돈혜 속인소소 아독약혼 속인찰찰 아독민민 담혜기약해

飂兮似無所止 衆人皆有以 我獨頑且鄙 我獨異於人 而貴求食於母
료혜사무소지 중인개유이 아독완차비 아독이어인 이귀구식어모

세속적인 학문을 끊어 버리면 근심도 없다. '네'와 '예'에 무슨 차이가 있겠나. 상대적인 선과 악이 서로 얼마나 다른가. 세상 사람들이 두려워하는 것을 두려워하지 않을 수 없다. 황망하구나, 그 다하지 못함이여. 세상 사람들은 희희낙락 큰 잔치를 즐기는 듯하고, 봄날 대臺에 오른 듯한데, 나만 홀로 맑고 깨끗해 아무런 조짐이 없는 것이, 갓난아이가 엄마 등에 업혀 여기저기 돌아다니는 듯하다. 세상 사람들은 여유롭게 살고 있으나 나만 홀로 버려진 것 같다. 나는 어리석은 사람의 마음이로다. 어리석도다. 세상 사람들은 아주 밝으나 나만 홀로 어둡고, 세상 사람들은 살피고 따지는데, 나만 홀로 울적하구나. 고요함이여 마치 바다와 같고, 바람이 몰아침이여 마치 그칠 곳이 없는 듯하구나. 사람들은 모두 바쁜데 나만 홀로 촌스럽게 완고하도다. 나만 홀로 사람들과 달라 식모食母를 귀히 여긴다.

권재구의

爲道日損 爲學日益此等字義 不可與儒書同論 學則離道矣 絶學而歸之無 則無憂矣 唯阿皆諾也 人之學者以善爲勝惡 是猶曰唯勝阿也 不若倂善之名無之 此卽天下皆知美之爲美斯惡矣之意 雖然古之知道者 雖以善惡皆不可爲 而何嘗無所畏 凡人之所畏者 我未嘗不畏之 若皆以爲不足畏 則其爲荒亂何所窮極 荒 亂也 未央 無窮極也 禪家曰 豁達空撥因果 便是人之所畏而不畏也 莽莽蕩蕩招殃禍便是荒兮其未央哉 衆人之樂於世味也 如享太牢 如春登臺 而我獨甘守淡泊 百念不形 如嬰兒未孩之時 乘乘然無所歸止 兆 形也 萌也 此心不萌不動 故曰未兆 嬰 方生也 孩 稍長也 嬰兒之心 全無知識 乘乘 若動不動之意 無所歸 不著迹也 此我之所以異於衆人也 衆人皆有求贏餘之心 而我獨若遺棄之 我豈愚而如此沌沌然乎 沌沌渾沌無知之貌 此意蓋謂我之爲道以不足爲樂 而無有餘之心 非我愚而汝智也 昏昏悶悶 卽沌沌是也 俗人昭昭察察 而我獨昏昏悶悶 此其所以異於人也 其心淡泊 如乘舟大海之中 風飍然而無所止宿 此卽乘乘若無歸之意也 有以 有爲也 衆人皆有爲 而我甘於不求 故若頑若鄙 我豈眞頑鄙哉 我之所以異於人者 味於道而已 有名萬物之母 母 卽道也 食 味也 貴求食於母 言以求味於道爲貴也

도는 자꾸 덜어 내는 것이고, 학문은 자꾸 보태는 것이다. 이런 식의 말들은 유교의 책과 같이 논하기 어렵다. 학문은 도를 떠나는 것이다. 배움을 끊고 무無에 돌아가면 아무 걱정이 없다. 예와 네는 다 허락하는 말이다. 사람이 선을 배워 악함을 이기는 것은 유唯가 아阿보다 더 낫다는 말과 같다. 그런데 선이니 악이니 하는 말이 아예 없는 것만 같지 못하다. 이것이 곧 천하가 아름다운 것을 다 아름답게 알면 이것이 추하게 된다는 뜻이다. 그런데 옛날에 도를 아는 사람은 비록 선악을 구분하여 행할 수 없음을 알았지만, 어찌 두려워하는 바가 없었겠는가. 일반 사람들이 두려워하는 바를 나도 두려워하지 않을 수 없다. 선악을 초월했다고 악을 행하면 끝없이 악해진다. 황荒은 어지럽다는 난亂이고, 미앙未央은 끝이 없다는 말이다. 선가禪家에서 말하기를 깨닫지 못하고 깨달았다고 하는 사람은 남들이 두려워하는 바를 두려워하지 않고, 마구 행동하다가 재앙을 부른다. 사람들은 세상맛을 좋아한다. 산해진미의 진수성찬과 높은 다락에 올라가서 놀기를 좋아한다. 나는 맑고 깨끗한 것을 좋아하고 세상에 대해 아무 생각도 없다. 갓난아이가 엄마 등에 업혀 여기저기 돌아다니는 것과 같다. 조兆는 형形이고 싹이다. 이 마음은 세상에 대해서 아무 생각도 없고 움직임도 없다. 그래서 조짐이 없다고 하였다. 영嬰은 갓난아이이다. 해孩는 조금 자란 아이이다. 어린아이의 마음은 완전 통째의 지知이다. 승승乘乘은 엄마 등에 업힌 아이가 엄마는 움직여도 아이는 안 움직인다는 뜻이다. 무소귀無所歸는 이 세상에 집착하지 않는다는 말이다. 이것이 세상 사람들과 내가 다른 까닭이다. 세상 사람들은 자꾸 많이 가지려고 하는데, 그런데 나는 관심이 없어 버리려고 한다. 내가 어찌 어리석어서 이와 같이 보였겠는가. 돈돈沌沌은 통일지의 모습이다. 이 뜻은 나의 부족함을 즐거움으로 삼아 안빈낙도安貧樂道를 하니, 아무것도 가지고 싶은 마음이 없어, 내가 어리석고 네가 똑똑한 것이 아니라는 말이다. 혼혼민민昏昏悶悶이 곧 돈돈沌沌이라는 말이다. 세상 사람은 세상물정에 밝고 세상물정을 잘 살피고 따지지만 분별지에 빠진 것이고, 나는 어리석고 멍청해 보여도 통일지를 가졌다. 이것이 남과 다른 것이다. 내 마음은 욕심 없고 깨끗해서, 배를 타고 바다에 나가 순풍에 어디든 머물지 않고 자유롭게 돌아다니는 것과 같다. 이것이 곧 승승약무귀乘乘若無歸의 뜻이다. 유이有以는 함이 있다는 것이다. 세상 사람들은 다 무엇이든지 한다. 나는 밖으로 구하지 않는 것을 좋아한다. 그래서 완고하고 비루한 것 같지만 내가 어찌 진짜 완고하고 비루하겠는가. 내가 남들과 다른 것은 도를 맛보았을 뿐이다. 유명有名은 만물지모萬物之母라고 했는데, 모母가 곧 도道이다. 식食은 맛본다는 뜻이다. 귀구식어모貴求食於母는 도를 맛보기를 구하는 것이 귀하다는 말이다.[도와 더불어 사는 것이 가장 행복한 것이다]

第二十一章 孔德之容

孔德之容 唯道是從 道之爲物 唯恍唯惚 惚兮恍 其中有象 恍兮惚
공덕지용 유도시종 도지위물 유황유홀 홀혜황 기중유상 황혜홀

其中有物 窈兮冥兮 其中有精 其精甚眞 其中有信 自古及今 其名不
기중유물 요혜명혜 기중유정 기정심진 기중유신 자고급금 기명불

去 以閱衆甫 吾何以知衆甫之然哉 以此
거 이열중보 오하이지중보지연재 이차

큰 덕의 모습은 오직 도를 따른다. 도란 오직 황홀한 것이다. 도는 황홀하여 알 수 없어 상징으로밖에 표현할 수 없다. 황홀한 가운데 물건이 있고, 깊고 그윽한 가운데 정밀함이 있다. 그 정미함은 매우 참되며 그 가운데에 믿음이 있다. 예부터 지금까지 그 이름이 떠나 본 적이 없으며, 우주만물을 보살핀다. 내가 무엇으로 만물창조의 실상을 알겠는가. 바로 도를 통하여 알 수 있었다.

권재구의

孔 盛也 知道之士 喻道是從 而其見於外也 自有盛德之容 德之爲言得也 得之於己曰德 道不可見 而德可見 故以德爲道之容 孟子曰 動容周旋中禮 盛德之至 與此句差異 但讀莊老者 當以莊老字義觀之 若欲合之孔孟 則字多窒礙矣 唯恍唯惚 言道之不可見也 雖不可見而又非無物 故曰其中有象 其中有物 其中有精 此則眞空而後實有也 其精甚眞 其中有信 此兩句 發明無物之中 眞實有物 不可以爲虛言也 信 實也 道之名在於古今 一日不可去 而萬善皆由此出 衆甫 衆美也 閱 歷閱也 萬善往來 皆出此道也 以此者 以道也 言衆甫之所自出 吾何以知其然 蓋以此道而已 此等結語 亦其文字之精處

공孔은 성盛이란 뜻이다. 도를 아는 사람이 도를 따르면 그 성한 덕의 모습이 저절로 밖으로 드러나는 것을 비유한 것이다. 덕德이란 말은 득得인데 자기 몸에서 얻는 것을 덕이라고 한다. 도는 볼 수 없지만 덕은 볼 수 있다. 그래서 덕으로써 도의 모습을 그려 보는 것이다. 맹자의 동용주선중례動容周旋中禮[일거수일투족이 예에 맞는다]도 덕이 성하여 지극하다는 말인데, 이 구절과는 다르다. 다만 노장을 읽는 사람은 노장의 용어로 보아야지 공맹의 용어로 보려고 하면 잘 맞지 않는다. 황홀이란 엑스터시인데 도를 볼 수 없다는 말이다. 비록 볼 수 없다고 해도, 아주 없다는 말은 아니다. 그래서 그 가운데 상象이 있고, 물物이 있고, 정精이 있다고 말한 것이다. 이것은 진공묘유眞空妙有라는 말이다. 기정심진其精甚眞 기중유신其中有信 이 두 구절은 아무것도 없는 가운데 진실한 존재가 있다는 것을 밝힌 것인데, 빈말이 아니다. 신信은 알맹이다. 도라는 이름은 예나 지금이나 하루도 없었던 적은 없다. 만 가지 선善이 다 여기서 나왔다. 중보衆甫는 만물의 아름다움이다. 열閱은 둘러보는 것이다. 여러 좋은 것들의 오고 가는 것이 다 이 도로부터 나왔다. 이차以此라는 것은 이 도로써라는 말이다. 모든 만물이 이로부터 나온 것을 말한다. 내가 어떻게 그런 것을 알았겠는가. 다 이 도를 통해서 알았을 뿐이다. 이런 식의 결론은 또한 문장의 깊은 맛이 나는 결론이다.

第二十二章 曲則全

曲則全 枉則直 窪則盈 幣則新 少則得 多則惑 是以聖人抱一爲天下
곡 즉 전 왕 즉 직 와 즉 영 폐 즉 신 소 즉 득 다 즉 혹 시 이 성 인 포 일 위 천 하

式 不自見故明 不自是故彰 不自伐故有功 不自矜故長 夫唯不爭 故
식 부 자 견 고 명 부 자 시 고 창 부 자 벌 고 유 공 부 자 긍 고 장 부 유 부 쟁 고

天下莫能與之爭 古之所謂曲則全者 豈虛言哉 誠全而歸之
천 하 막 능 여 지 쟁 고 지 소 위 곡 즉 전 자 기 허 언 재 성 전 이 귀 지

굽으면 온전해지고, 구부리면 곧아지고, 움푹 패면 채워지고, 헤지면 새로워지고, 적으면 얻게 되고, 많으면 미혹된다. 이로써 성인은 포일抱一하여 천하에 표준이 된다. 스스로 드러내지 않으므로 밝아지고, 스스로 자랑하지 않으므로 공功이 있고, 스스로 뽐내지 않으므로 오래간다. 오직 싸우지 않기 때문에 천하가 그와 더불어 싸우려 하지 않는다. 예전에 굽으면 온전해진다는 말이 빈말이겠는가. 참으로 완전하게 돌아가는 것이다.

권재구의

能曲而後能全　能枉而後能直　能窪而後能盈　能敝而後能新　能少而後能多　此皆能不足　而後能有餘　能眞空而後實有之意　少則得　多則惑　只是少則多三字　又紬繹作兩句也　一者　虛也　無也　不足也　聖人所抱只這一件道理　所以爲天下之法式　不自見　不自是　不自伐　不自矜　皆是不有其有之意　我旣虛心　而無所爭於天下　又何爭之有　長可久也　旣如此說了　却提起前面曲則全一句　作如此歸結　亦是文之奇處　天地之與我　無所欠闕　我但當全而歸之耳　又它何所事也　誠者實也　言實當如此也　曲　枉　窪　敝　四句　皆是設喩　以發明下面之意而已

굽을 수 있어야 온전해질 수 있고, 구부러질 수 있어야 곧을 수 있고, 패일 수 있어야 채워질 수 있고, 낡아 떨어진 후에 새로워질 수 있고, 욕심이 적어야 많은 것을 얻을 수 있다. 이것은 다 부족함이 있은 후에 넉넉해질 수 있다는 것이다. 참으로 비울 수 있어야 알맹이로 채울 수 있다는 뜻이다. 소즉득少則得 다즉혹多則惑은 소즉다少則多라는 세 글자에서 실마리를 풀어내어 두 구절로 만든 것이다. 일一이란 빈 것이며 무無이다. 언제나 자기가 부족하다는 것이다. 성인이 끌어안고 있는 것은 이 한 가지, 언제나 자기는 부족하다는 도리이다. 그래서 천하의 표본이 되는 것이다. 자기를 드러내려 하지 않고, 자기만 옳다고 하지 않으며, 스스로 자랑하지 않고, 스스로 뽐내지 않는 것은 다 있긴 있어도, 있다고 하지 않는 뜻이다. 내가 이미 마음을 비워서 천하와 다투지 않는데 또 무슨 싸움이 있겠는가. 장長은 오래가는 것이다. 이와 같이 설명하고 보면, 앞에서 제기한 모든 것들이 곡즉전曲則全 한 구절로 귀결된다. 이 또한 문장의 기묘한 맛이다. 천지가 나와 더불어 어떤 흠도 결점도 없어야, 내가 마땅히 온전해져 돌아갈 수 있을 뿐이다. 또 무슨 다른 일이 있겠나. 성誠은 진실이며, 진실로 마땅히 이와 같다는 말이다. 곡曲 왕枉 와窪 폐敝, 네 구절은 다 비유로, 아래 글의 뜻을 밝혀내기 위한 것일 뿐이다.

第二十三章 希言自然

希言自然 故飄風不終朝 驟雨不終日 孰爲此者天地 天地尙不能久
희언자연 고표풍부종조 취우부종일 숙위차자천지 천지상불능구

而況於人乎 故從事於道者 道者同於道 德者同於德 失者同於失 同
이황어인호 고종사어도자 도자동어도 덕자동어덕 실자동어실 동

於道者 道亦樂得之 同於德者 德亦樂得之 同於失者 失亦樂得之
어도자 도역낙득지 동어덕자 덕역낙득지 동어실자 실역낙득지

信不足 有不信
신부족 유불신

말이 적은 것이 자연이다. 그래서 태풍도 아침을 못 넘긴다. 소낙비도 하루를 못 간다. 누가 이렇게 하는가. 천지다. 천지도 오래갈 수 없거늘 하물며 사람이랴. 그래서 도를 따르는 사람은 도와 하나가 되고, 덕을 따르는 사람은 덕과 하나 되고, 잃음을 따르는 사람은 잃음과 하나 된다. 도道와 하나 되면 도 역시 즐겁게 얻게 되고, 덕과 하나 되면 덕 역시 즐겁게 얻게 된다. 잃음과 하나 되면 즐겁게 잃음을 얻게 된다. 믿음이 부족하면 신임을 얻지 못한다.

권재구의

天地之間 只自然兩字 可以盡天地之理 希少也 謂此二字 其言不多 而天地之理 不過如此而已 飄風 驟雨 雖天地爲之 而亦不終朝 不終日 人之得喪窮達 又豈可常哉 從事於道者 言學道者也 道 行也 德 得也 可行則行 我亦無違焉 可得則得 我亦無違焉 可失則失 我亦無違焉 同者 隨順而無違之意 可行我亦樂得之 可得我亦樂得之 可失我亦樂得之 行止得失 我皆樂之 此所以爲知道之士 然此事須信得及方可 若信處纔有未足 則於此有不能自信者 故曰信不足 有不信

천지 사이에 자연이란 두 글자만큼 천지의 이치를 다 말해 주는 글자는 없다. 희希는 적다는 말이다. 이 두 글자는 '천지는 말이 많지 않고, 천지의 이치는 이와 같을 뿐이다'는 것을 말한다. 큰바람과 소낙비도 비록 천지가 하는 일이지만 또한 아침나절이나 하루를 못 넘긴다. 그러니 사람들의 부귀영화야 얼마나 오래가겠는가. 도를 따르는 사람이란 도를 배우는 사람이다. 도를 행해서 덕을 얻는 것이니, 행할 만한 것은 행하고, 나 역시 거스르지 않는다. 얻을 만한 것은 얻고, 나 역시 거스르지 않는다. 잃을 만한 것은 잃고, 나 역시 거스르지 않는다. 동同이란 순리를 따르고 거스르지 않는다는 뜻이다. 행할 만한 것은 나 또한 즐겁게 행하고, 얻을 만한 것은 나 또한 즐겁게 얻고, 잃을 만한 것은 나 또한 즐겁게 잃는다. 행하고, 멈추고, 얻고, 잃음을 나는 다 즐겁게 받아들인다. [잃어도 좋고 얻어도 좋고 상대를 초월한 상태] 이것이 도를 아는 선비가 된 까닭이다. 그러나 이렇게 하려면 반드시 믿음이 있어야 가능하다. 믿음이 부족하면 자신을 믿을 수 없게 된다. 그래서 믿음이 부족하면 자신을 믿지 못하게 된다고 말한 것이다.

第二十四章　跂者不立

跂者不立　跨者不行　自見者不明　自是者不彰　自伐者無功　自矜者不
기 자 불 립　과 자 불 행　자 견 자 불 명　자 시 자 불 창　자 벌 자 무 공　자 긍 자 부

長　其在道也　曰餘食贅行　物或惡之　故有道者不處也
장　기 재 도 야　왈 여 식 췌 행　물 혹 오 지　고 유 도 자 불 처 야

발돋움하면 설 수가 없다. 발을 벌리고 있으면 갈 수가 없다. 자기가 잘났다고 하는 사람은 지혜롭지 못하다. 자기가 옳다고 하는 사람은 드러나지 않고, 스스로 자랑하는 사람은 공功이 없다. 스스로 뽐내는 사람은 어른 노릇 못한다. 도道의 입장에서 보면 그런 것은 식은 밥과 사마귀 같은 것이다. 세상 사람들은 그런 것을 싫어한다. 그래서 도가 있는 사람은 그런 짓을 안 한다.

권재구의

足不著地曰跂 跂而立則不能久 跨者 兩股不相著也 跨則不可以行 此兩句是譬喩也 自見自是 自伐自矜 皆是有其有而不化者 不明 自蔽也 不彰 名不顯也 不長 不可久也 易曰 盈不可久也 亦是此意 餘食贅行 皆長物也 有道者無迹 有迹則爲長物矣 曰餘 曰贅 莊子騈拇枝指之意也 食之餘棄 形之贅疣 人必惡之 此有道者 所以不處也 言不以迹自累也

발을 땅에 완전히 붙이지 않는 것을 기跂라 하는데, 앞발치로만 서면 오래 설 수 없다. 과跨라는 것은 넓적다리를 쫙 벌리는 것인데, 두 다리를 벌리고는 잘 걸을 수가 없다. 이 두 구절은 비유이다. 뭐든지 지나친 것은 좋지 않다는 뜻이다. 스스로 드러내고, 스스로 옳다 하고, 스스로 자랑하고, 스스로 뽐내는 것은 다 있긴 있는데, 성숙하게 변하지 못한 것이다. 밝지 않다는 것은 스스로 가리는 것이고, 드러나지 않는 것은 이름을 드러내지 못하는 것이다. 부장不長은 오래갈 수 없다는 말이다. 주역에 가득 차면 오래가지 못한다는 말 또한 이런 뜻이다. 여식췌행餘食贅行[식은 밥과 쓸데없는 짓]은 다 군더더기이다. 도가 있는 사람은 흔적이 없는데, 흔적이 있으면 다 군더더기라서, 그래서 남은 것을 군더더기라고 말했다. 장자에 나오는 여섯 손가락 같은 것이다. 먹다 남은 밥은 버리고, 쓸모없는 육손이나 사마귀는 사람들이 다 싫어한다. 이것이 도가 있는 사람이 그런 짓을 안 하는 까닭이며, 쓸데 없는 짓을 하지 말아야 자기에게 누가 되지 않는다는 말이다.

第二十五章 有物混成

有物混成先天地生 寂兮寥兮 獨立而不改 周行而不殆 可以爲天下
유 물 혼 성 선 천 지 생 적 혜 요 혜 독 립 이 불 개 주 행 이 불 태 가 이 위 천 하
母 吾不知其名 字之曰道 强爲之名曰大 大曰逝 逝曰遠 遠曰反 故
모 오 부 지 기 명 자 지 왈 도 강 위 지 명 왈 대 대 왈 서 서 왈 원 원 왈 반 고
道大 天大 地大 王亦大 域中有四大 而王處一焉 人法地 地法天
도 대 천 대 지 대 왕 역 대 역 중 유 사 대 이 왕 처 일 언 인 법 지 지 법 천
天法道 道法自然
천 법 도 도 법 자 연

물物이 있어, 통째로 무르익고, 천지보다 이전에 나와, 이 세상을 초월한 존재이다. 황홀함이여. 우뚝 서서 바꾸지 않으며, 두루 행하지만 위태하지 않으므로, 천하의 어미가 될 수 있다. 나는 그 이름을 알지 못하니, 자字를 붙이자면 도道라 하고, 억지로 이름을 지어 보면 대大라 한다. 크면 가고, 가면 멀어지고, 멀어지면 되돌아온다. 그래서 도道가 크고, 하늘이 크고, 땅이 크고, 왕 또한 크다. 이 세상에는 큰 것이 네 가지가 있는데, 왕이 그중 하나이다. 사람은 땅을 본받고, 땅은 하늘을 본받고, 하늘은 도道를 본받고, 도는 자연을 본받는다.

권재구의

有物混成 道也 無極而太極也 其生在天地之先 言天地自是而出也 寂兮寥兮 不可見也 獨立而不改 常久而不易也 周行而不殆 行健而不息也 可以爲天下母 天下萬物之所由生也 吾不知其名 不可得而名也 名不可得 字之曰道 字者 代名之謂也 曰道不足以盡之 又强而名之曰大 大不足以盡之 又名之曰逝 逝者 往也 不可追逐也 逝不足以盡之 又强而名之曰遠 遠者不可近也 不可得而親附也 遠又不足以盡之 又强而名之曰反 反者 復歸於根之意也 此皆鼓舞之文在莊子此類尤多 或以反爲反求諸身則非矣 域中有四大 王居其一 蓋言人居天地之間 但知有王之爲大 而不知王之上 其大者又有三焉 然而人則法地 地則法天 天則法道 道又法於自然 是自然又大於道與天地也 其意但謂道至於自然而極 如此發揮 可謂奇論

유물혼성有物混成은 도道이다. 무극이 태극이다. 천지보다 먼저 나왔다는 것은 천지도 여기에서 나왔다는 말이다. 적혜요혜寂兮寥兮는 볼 수 없는 세계이다. 우뚝 서서 고치지 않는다는 것은 오래되어도 변하지 않는 것을 말한다. 두루 행해도 위태하지 않다는 것은 씩씩하게 행하여도 쉬지 않는다는 말이다.[주역 건괘, 천행건자강불식天行健自彊不息이다.] 천하의 어미가 될 만한 것이란 천하 만물이 다 이로 말미암아 나왔다는 말이다. 내가 그 이름을 알지 못한다는 것은 이름을 붙일 수 없다는 말이다. 이름을 붙일 수 없으니, 할 수 없이 도道라고 한다. 자字는 이름 대신 붙여 부르는 것이다. 도道라고 해도 시원치 않아, 또 억지로 이름을 붙여 크다고 했다. 대大라고 해도 시원찮아, 또 서逝라고 했다. 서逝는 간다는 뜻인데, 쫓아갈 수가 없다는 말이다. 서逝라는 말도 시원찮아, 또 억지로 원遠이라고 부른다. 원遠은 가까이 할 수 없어, 쉽게 친할 수 없다는 말이다. 원遠으로도 족히 다 표현할 수 없어, 또 억지로 반反이라고 했다. 반反이란 뿌리로 다시 돌아간다는 뜻이다. 이 말들은 다 고무시키는 말이다. 장자에 이런 종류의 글들이 많다. 어떤 사람은 반反을 반구저신反求諸身의 돌이킬 반反으로 해석하는데, 잘못된 것이다. 이 세상에 큰 것이 네 개가 있는데, 왕이 그 하나를 차지한다. 사람이 천지간에 있어, 다만 왕만 큰 줄 알고 왕보다 더 큰 것이 세 가지 있는 줄을 알지 못한다고 말하는 것이다. 그래서 사람은 땅을 본받고, 땅은 하늘을 본받고, 하늘은 도道를 본받고, 도道는 또 자연을 본받는 것은 자연이 도道와 천지보다 더 크다는 것이다. 도道가 자연에 이르면 끝이라는 뜻이다. 이와 같이 뜻을 밝히고 나니 기가 막힌 글이라고 할 만하다.

第二十六章　重爲輕根

重爲輕根　靜爲躁君　是以君子終日行　不離輜重　雖有榮觀　燕處超然
중위경근　정위조군　시이군자종일행　불리치중　수유영관　연처초연

如何萬乘之主　而以身輕天下　輕則失臣　躁則失君
여하만승지주　이이신경천하　경즉실신　조즉실군

무거움은 가벼운 것의 뿌리가 되고, 고요함은 조급한 것의 인군人君이 된다. 군자가 하루 종일 갈 때도 잘 준비해서 길을 떠나고, 아무리 볼거리가 많아도 그런 데 끌려다니지 않는다. 어떻게 만승의 지도자가 자기 때문에 천하를 가벼이 여기겠는가? 가벼우면 신하를 잃고 조급하면 임금 자리를 잃는다.

권재구의

有重則有輕有靜則有躁 根者 言輕自重而生也 君者 言躁以靜爲主也 有道之人 終日行而不著於輜重之間 言無重則無輕也 無靜則無躁也 離 麗也 其胸中之所見 極天下之至美 故曰榮觀 雖有此榮觀而居之以安 故超然在於輕重靜躁之外 燕安也 處居也 猶吾書所謂安行廣居也 爲萬乘之主 若不知身之爲重 則不能超然於事物之外必至有輕躁之失 失臣者 不足以臣服天下也 失君者 言自失所主也以身輕天下者 言以天下爲重 以身爲輕也 不輕其身則知道矣 知道則知自然矣 知自然則無靜無重矣 而況有輕躁乎

무거움은 가벼움의, 고요함은 조급함의 뿌리란 가벼움이 무거움에서 나온다는 말이다. 군君이란 조급하지 말고 신중해야, 주인 노릇을 할 수 있다는 말이다. 도가 있는 사람은 종일 가도 치중輜重에 집착하지 않는다는 것은 무거움과 가벼움, 고요함과 조급함을 초월한다는 말이다. 리離는 붙을 리麗이다. 가슴속에 보고자 하는 것이 천하의 가장 아름다운 것이라, 그래서 영관榮觀이라 한다. 비록 영화로운 볼거리가 있어도, 편안하게 거居하여, 경중조정輕重靜躁을 넘어서서, 초연하게 있다. 연안燕安은 편안하게 사는 집이다. 우리 유가의 중용과 맹자에 나오는 안행광거安行廣居와 같은 말이다. 큰 나라의 주인이 되어 만약 신중할 줄 모르면 세상 밖에 초연할 수 없어, 반드시 가벼움과 조급함에 빠지게 된다. 실신失臣은 신하로써 천하를 섬기기 부족하다는 말이고, 실군失君이란 스스로 주인의 자리를 잃는 것을 말한다. 이신경천하以身輕天下란 천하는 무겁게 여기면서, 자신은 가볍게 구는 것을 말한다. 자기 몸을 경박하게 하지 않아야 도를 알고, 도를 알면 세상이 저절로 돌아감을 안다. 자연이 순리대로 돌아감을 알면 무거움도 고요함도 필요 없는데, 하물며 경박하고 조급함이 필요하겠는가.

第二十七章 善行無轍迹

善行無轍迹　善言無瑕謫　善計不用籌策　善閉無關鍵而不可開　善結
선행무철적　선언무하적　선계불용주책　선폐무관건이불가개　선결

無繩約而不可解　是以聖人常善救人　故無棄人　常善救物　故無棄物
무승약이불가해　시이성인상선구인　고무기인　상선구물　고무기물

是謂襲明　故善人不善人之師　不善人　善人之資　不貴其師　不愛其資
시위습명　고선인불선인지사　불선인　선인지자　불귀기사　불애기자

雖知大迷　是謂要妙
수지대미　시위요묘

선행善行은 발자취가 남지 않고, 참말은 흠잡을 것 없다. 잘 계산하면 주판을 쓸 필요가 없고, 잘 닫으면 문빗장이 없어도 열 수 없고, 잘 맺으면 새끼줄로 안 묶어도 풀 수 없다. 이로써 성인은 사람을 잘 구원해 주므로 사람을 포기하지 않고, 물건을 잘 구해 주므로, 버리는 물건이 없다. 이를 일러 감춰진 밝음이라고 한다. 그래서 착한 사람은 착하지 않은 사람의 스승이며, 착하지 않은 사람은 착한 사람의 밑천이다. 그 스승을 귀하게 여기지 않고, 그 밑천을 아끼지 않으면 비록 지혜가 있어도 크게 미혹하게 된다. 이것이 가장 중요하고 신비한 일이다.

권재구의

善言 善行 善計 善閉 善結 五者 皆譬喩也 其意但謂以自然爲道 則無所容力 亦無所著跡矣 聖人雖異於衆人 而混然與之而處 未嘗有自異之心 所以不見其迹也 聖人之道 可以救人 可以救物 其於人物也 亦甚異矣而未嘗有棄人棄物之心 和光同塵而與之爲一 故曰襲明 襲者 藏也 襲明 卽 莊子所謂 滑疑之輝也 善人可以師範一世 雖異於不善之人 而天下若無不善之人 則誰知善人之爲善 是不善人乃爲善人之資也 資者 言其賴之以自別也 此兩句又發明上面無棄人無棄物之意 若有棄人棄物之心 則是有師而不知貴 有資而不知愛 雖自以爲智 而不知乃迷之大者 知此道者 可謂要妙之道

선언善言 선행善行 선계善計 선폐善閉 선결善結, 이 다섯 가지는 다 비유다. 그 뜻은 단지 자연으로 도를 삼으면 힘쓸 일이 없고, 또한 집착할 것도 없다는 것이다. 성인聖人이 보통 사람과 달라도 사람들과 섞여 사랑으로 같이 사는 것은, 스스로 다르다는 마음을 가져 본 적이 없고 쓸데없는 집착을 보이지 않기 때문이다. 성인의 도는 사람과 물건을 다 구원해 줄 수 있다. 사람과 물건에 대하여 또한 수준 차이가 심하게 나도, 사람과 물건을 버려 본 적이 없다. 빛을 부드럽게 하여 먼지와 같아져[화광동진和光同塵] 더불어 하나가 된다. 그래서 밝음을 감춘다고 말했다. 습襲은 감출 장藏이다. 습명襲明은 바로 장자의 이른바 자신의 빛을 감추는 활의지휘滑疑之輝이다. 선인善

人은 세상의 스승이 되어 비록 착하지 않은 사람과 다르지만, 천하에 착하지 않은 사람이 없다면 누가 착한 사람의 착함을 알겠는가. 이것이 착하지 않은 사람이 착한 사람의 밑천이 되는 것이다. 자資는 스스로 구별하여 의지하는 것을 말한다. 이 두 구절 또한 위에서 말한 무기인무기물無棄人無棄物의 뜻을 밝힌 것이다. 만약 사람을 버리고 물건을 버리는 마음이 있으면, 선생이 있어도 귀한 줄을 모르고, 제자가 있어도 아낄 줄을 모른다. 비록 스스로 지혜롭다고 해도 이것을 알지 못하면 크게 미혹한 것이다. 이런 도道를 아는 것이 가장 중요하고 신비한 도道라고 이를 만하다.

第二十八章 知其雄

知其雄 守其雌 爲天下谿 爲天下谿 常德不離 復歸於嬰兒 知其白
지기웅 수기자 위천하계 위천하계 상덕불리 복귀어영아 지기백

守其黑 爲天下式 爲天下式 常德不忒 復於無極 知其榮 守其辱 爲
수기흑 위천하식 위천하식 상덕불특 복어무극 지기영 수기욕 위

天下谷 爲天下谷 常德乃足 復歸於樸 樸散則爲器 聖人用之則爲官
천하곡 위천하곡 상덕내족 복귀어박 박산즉위기 성인용지즉위관

長 故大制不割
장 고대제불할

수컷을 알고 암컷을 지키면 천하의 골짜기가 된다. 천하의 골짜기가 되면 상덕常德, 영원한 사랑이 떠나지 않으며 갓난아기로 다시 돌아간다. 그 밝은 것을 알고, 그 어두운 것을 지키면 천하의 표준이 된다. 천하의 표준이 되면 상덕常德이 어긋나지 않아, 무극無極으로 돌아간다. 그 영화榮華를 알고, 그 욕됨을 지키면 천하의 골짜기가 되고, 천하의 골짜기가 되면 상덕常德이 족足하여 박樸[통나무]으로 다시 돌아간다. 통나무[통일지]가 쪼개져 그릇[분별지]이 된다. 성인聖人은 그것을 써서 관장官長이 된다. 그래서 성인의 정치는 박樸[통일지]을 쪼개지 않는다.

권재구의

知雄守雌 不求勝也 知白守黑 不分別也 知榮守辱 無歆艶也 知字有能爲 而不爲之意 谿谷在下水所歸也 言如此則天下歸之 式 天下以爲式也 常德 卽首章所謂常道也 不離 無間斷也 不忒 無差失也 乃足 備全之也 嬰兒 無知也 無極 無物也 樸太樸也 天地之始也 太樸旣散 而後有器 卽形而上 謂之道 形而下謂之器也 聖人以形而上者 用形而下者 則天地之間 各有其職 聖人兼三才 以御萬物 雖職覆職載 亦聽命於我 是爲天地之間 官於物者之長也 莊子曰 官天地 天地之職 亦造化之一官守耳 割 離也 以道制物 謂之大制 大制則道器不相離矣 此亦無爲而爲 自然而然之意

수컷을 알고 암컷을 지킨다는 것은 이기려는 마음이 없는 것이다. 그 밝은 것을 알고, 그 어두운 것을 지킨다는 것은 나누어 구별하지 않는 것이다. 영화를 알고 치욕을 지킨다는 것은 부러워함이 없는 것이다. 알고 지키는 것은 할 수는 있지만 하지 않는다는 뜻이다. 계곡은 아래에 있어 물이 모여드는 곳이다. 이와 같이 하면 천하가 돌아온다는 말이다. 식式은 천하의 법이 된다는 말이고, 상덕常德은 제1장의 상도常道를 말한다. 불리不離는 틈과 끊어짐이 없는 것이다. 불특不忒은 조금도 틀림이 없다는 말이다. 내족乃足은 완전히 갖추었다는 말이다. 영아嬰兒란 아무것도 모른다는 뜻도 있지만, 분별이 없고 엄마에 대해 절대적 믿음을 갖고 있다는 말이다. 무극無極은 허공과 같다. 박樸은 큰 통나무요, 천지의 시작, 태초이다. 큰 통나무가 쪼개져야 그릇이 되므로, 즉 통나무는 형이상形而上의 도道를 말한 것이고, 그릇은 형이하形而下를 표현한 것이다. 성인聖人은 형이상形而上으로 형이하形而下를 쓸 수 있다. 즉 천지간에는 각각 그 직분이 있어, 성인聖人은 천지인天地人 삼재三才를 겸하였기 때문에 모든 만물을 다스릴 수가 있다. 비록 하늘은 덮어주고 땅은 실어 주는 직분이라도, 나[도道]의 명령을 듣는다. 이것이 천지간에 모든 만물을 다스리는 총책임자가 된다는 것이다. 장자가 말한 천지를 마음대로 다루는, 천지의 직분 또한 조물주의 하나의 벼슬자리에 지나지 않는다. 할割은 떠난다는 뜻이다. 도道를 가지고 만물을 다스리는 것을 대제大制라고 이른다. 대제大制는 도道와 기器를 서로 분리하지 않는다. 이것 역시 무위無爲의 정치이며, 저절로 된다는 뜻이다.

第二十九章 將欲取天下

將欲取天下而爲之者 吾見其不得已 天下神器 不可爲也 爲者敗之
장욕취천하이위지자 오견기부득이 천하신기 불가위야 위자패지

執者失之 凡物或行或隨 或噓或吹 或强或羸 或載或隳 是以聖人去
집자실지 범물혹행혹수 혹허혹취 혹강혹리 혹재혹휴 시이성인거

甚 去奢 去泰
심 거사 거태

장차 천하를 취해 다스리려는 것을 나는 할 수 없다고 본다. 천하는 신령한 기물이니, 할 수가 없다. 하려고 하면 실패한다. 세상 만물은 앞서가기도 하고 뒤따르기도 하고, 약하게 호 불기도 하고 강하게 후 불기도 하며, 강하기도 하고 약하기도 하고, 실어 주기도 무너지기도 한다. 그래서 성인은 지나친 것도, 사치한 것도, 교만함도 없이한다.

권재구의

天下神器 豈人力所可得 道盛德至 天下歸之而不得辭 而後可以有天下 若萌取天下之心 而强爲善 以求有得 決不可得矣 此三句是譬喩也 其意蓋言凡天下之事 不可以有心求也 爲者則必敗 執者 則必失 是皆有心之累也 故有道者之於物 行者聽其自行 隨者 聽其自隨 噓者 聽其自噓 吹者 聽其自吹 强者 聽其自强 羸者 聽其自羸 成者 聽其自成 隳者 聽其自隳 是皆自然而然而已 行 隨 猶先後也 載成也 甚 奢 泰 三者 皆過當之名 亦前章餘食贅行之意 聖人去之者 無心無累 無爲無求也 此章結得其文又奇 甚奢泰三字 只是一意 但如此下語 非唯是其鼓舞之筆 亦申言其甚不可之意 其言玄妙 則曰玄之又玄 則曰大 曰逝 曰遠 皆是一樣文法 讀者不悟其意 故不見 他文字寄處 又多牽强之說

천하는 신령한 물건이다. 어찌 사람의 힘으로 얻을 수 있겠나. 도가 높고 덕이 성하면, 천하가 저절로 그에게 돌아간다. 도저히 사양할 수 없을 만큼 돌아온 후 천하를 가질 수 있다. 천하를 정복하겠다는 마음을 가진다면 억지로 착한 척하는 것인데, 그렇게 얻어 보았자 결국은 내놓고 만다. 이 세 구절은 비유다. 그 뜻은 천하의 모든 일은 욕심을 가지고 얻을 수 있는 것은 없다는 것이다. 억지로 하려고 하면 실패하고, 붙잡으려고 하면 반드시 잃고 만다. 다 욕심에서 나오는 재앙이다. 그래서 도가 있는 사람은 만물을 대

할 때, 가는 사람은 가라고 내버려 두고, 따르는 사람은 따르게 내버려 두고, 약한 바람은 약하게 불게 내버려 두고, 강한 바람은 강하게 불게 내버려 두며, 강한 것은 스스로 강하게 내버려 두고, 약한 것은 약하게 내버려 두며, 이루는 사람은 이루게 내버려 두고, 무너지는 사람은 무너지게 내버려 둔다. 다 자연의 순리에 따를 뿐이다. 행수行隨는 선후先後라는 말이다. 재載는 이룬다는 말이다. 심사태甚奢泰 세 가지는 다 지나친 욕심의 표현이고, 또한 앞장의 여식췌행餘食贅行[군더더기]과 같은 뜻이다. 성인거지聖人去之는 욕심이 없으면 걸림이 없고, 할 것도 구할 것도 없다는 말이다. 이 장의 결론도 독특한 글맛이 난다. 심사태甚奢泰 세 글자도 다 한뜻이다. 다만 아래의 말과 같이, 격려하려고 그렇게 쓴 것뿐만 아니라, 너무 지나친 것은 좋지 않다는 것을 강조한 것이다. 현묘라고 말한즉 현지우현玄之又玄이라든가, 대大서逝 원遠이라고 하는 것도 노자의 똑같은 말투이다. 글 읽는 사람이 그 뜻을 깨닫고 보지 못하면, 글자에 끌려다녀 억지로 해석하게 된다.

第三十章 以道佐人主

以道佐人主者 不以兵强天下 其事好還 師之所處 荊棘生焉 大軍之
이도좌인주자 불이병강천하 기사호환 사지소처 형극생언 대군지

後 必有凶年 善者果而已 不敢以取强 果而勿矜 果而勿伐 果而勿
후 필유흉년 선자과이이 불감이취강 과이물긍 과이물벌 과이물

驕 果而不得已 果而勿强 物壯則老 是謂非道 非道早已
교 과이부득이 과이물강 물장즉노 시위비도 비도조이

도道를 가지고 임금을 돕는 자는 군사로 천하를 강압하지 않으니, 군대로 천하를 도모하면 바로 복수가 돌아온다. 군대가 머문 곳은 가시덤불만 돋아나고, 대군을 일으킨 후에는 반드시 흉년이 든다. 결과를 좋게 할 뿐, 감히 강함을 취하지 않고, 결과를 얻어도 뽐내지 않고, 나라를 구해도 자랑하지 않고, 적을 물리쳐도 교만하지 않고, 부득이해서 싸우는 것뿐이니, 적을 물리치면 그만이지 더 강하려 안 한다. 사물은 장성하면 곧 늙으므로, 이를 도道가 아니라고 한다. 도가 아니면 빨리 그만둘 뿐이다.

권재구의

佐人主而以强兵爲心 則非知道者矣 何者兵凶器也 我以害人 人亦將以害我 故曰其事好還 用師之地 農不得耕 則荊棘生矣 用兵之後傷天地之和氣 則必有凶年之菑 此意但言好戰求勝 非國之福 七句只是譬喩 若人之爲善 其果者在我 而何嘗敢以此求勝於人 故曰不敢以取强 果 易言果行育德是也 其果者在我 而不形諸外 則無矜伐驕强之名 而其應事也 常有不得已之意 此亦知雄守雌之論 强者不能終强 矜者不能終矜 譬如萬物旣壯則老必至矣 不知此理 而欲以取强於天下 皆不道者也 旣知此爲不道 則當急急去之 故曰早已 已者 已而勿爲也

왕을 돕는 데 군대를 강하게 만들어 돕겠다고 하면 도를 아는 사람이 아니다. 왜냐하면 군대는 흉기라서 그렇다. 내가 남을 해치면, 남 또한 나를 해친다. 그래서 그 일은 반드시 내게 돌아온다고 했다. 군대가 쓰는 땅은 농사를 지을 수 없어 가시덤불만 난다. 전쟁을 하면 천지의 조화로운 기운이 상하여 반드시 흉년이 든다. 이는 전쟁만으로 이기려는 것이 나라의 복이 아니라는 뜻이다. 일곱 구절이 다 비유다. 만일 사람이 좋은 결과를 얻으려고 하면 그것은 나에게 달려 있는데, 왜 감히 남을 이기려고 하는가. 남을 이기려 말고, 자기를 이겨야 한다. 그래서 자꾸 강하려고 하지 말라고 했다. 과果란 주역에서 말하는 과감하게 실천하여 자기의 덕을 기른다는 말이다. 정신이 깨고 덕을 기르는 것은 내 문제라는 것이다. 그런 정신은 밖으로 나타나지 않지만, 뽐내지도 자랑하지도 깔보지도 무시하지 않는 것으로 이름한다. 일이 있을 때에는 언제나 어쩔 수 없어, 부득이 하는 것뿐이다. 이것 또한, 지웅수자知雄守雌 힘이 있어도 져 준다는 말이다. 강한 것이 끝까지 강할 수 없다. 자랑도 끝까지 자랑만 할 수는 없다. 비유하면 만물이 자라면 반드시 다 노쇠하고 마는 것과 같다. 이런 이치를 알지 못하고, 천하를 힘으로 취하려는 것은 다 도리에 맞지 않다. 이미 이것이 도리에 맞지 않다는 것을 알았으면 마땅히 빨리 없애는 것이 좋다. 그래서 일찍 그만두라고 한 것이다. 이已란 그만두고 하지 않는다는 말이다.

第三十一章 夫佳兵

夫佳兵者 不祥之器 物或惡之 故有道者不處 是以君子居則貴左 用
부가병자 불상지기 물혹오지 고유도자불처 시이군자거즉귀좌 용

兵則貴右 兵者不祥之器 非君子之器 不得已而用之 恬淡爲上 故不
병즉귀우 병자불상지기 비군자지기 부득이이용지 염담위상 고불

美也 若美必樂之 樂之者 是樂殺人也 夫樂殺人者 不可得志於天
미야 약미필악지 악지자 시락살인야 부락살인자 불가득지어천

下矣 故吉事尙左 凶事尙右 是以偏將軍處左 上將軍處右 言居上勢
하의 고길사상좌 흉사상우 시이편장군처좌 상장군처우 언거상세

則以喪禮處之 殺人衆多 以悲哀泣之 戰勝以喪禮處之
즉이상례처지 살인중다 이비애읍지 전승이상례처지

군대를 찬양하는 것은 상서롭지 못하다. 사람들이 무력 사용을 싫어하므로 도가 있는 사람은 그렇게 안 한다. 그래서 군자는 평시에는 왼쪽[정신문화]을 귀히 여기고, 전쟁이 나면 오른쪽[물리력]을 숭상한다. 전쟁이란 악마 짓이다. 군자가 할 일이 아니다. 적이 쳐들어올 때나 부득이 할 뿐이다. 욕심이 없는 것을 으뜸으로 삼고, 이겼다고 좋아하지 않는다. 이기는 것만 좋아하는 사람은 사람 죽이기를 즐긴다. 대저 사람 죽이기를 즐거워하는 사람은 천하에 뜻을 얻을 수가 없다. 그래서 평화 시대는 왼쪽을 숭상하고, 전쟁 때는 오른쪽을 숭상한다. 그러므로 부장이 왼쪽에 앉고, 대장이 오른쪽에 앉는 것은 아랫사람이 윗자리에 앉는 것을 말한다. 전쟁에 사람들이 죽었으니 상례喪禮로 처리해야 한다. 많은 사람이 죽었으니 가슴을 치고 슬퍼하며, 전쟁에 이겼더라도 상례로 처리해야 한다.

권재구의

此章全是以兵爲喩 兼當時戰爭之習勝 故以此語戒之 佳兵喜用兵者也 以用兵爲佳 此不祥之人也 以不祥之人 而行不祥之事 故曰不祥之器 此天下之所惡 故有道者不爲之 且君子之居 每以左爲貴 而兵則尙右 便是古人亦以兵爲不祥之事 非君子之所樂用 必不得已而後爲之 不幸而用兵 必以恬淡爲尙 恬淡 無味也卽是不得已之意也 雖勝亦不以爲喜 不美者 言用兵不是好事也 若以用兵爲喜 則是以殺人爲樂 豈能得志於天下 孟子曰 不嗜殺人者能一之 亦此意也 偏將軍之職位 本在上將軍之下 今上將軍居右 而偏將軍居左 是古人以兵爲凶事 故以喪禮處之 左陽也 右陰也 喪禮則尙陰 幸而戰勝 亦當以居喪之禮 泣死者而悲哀之可也 以勢而言 下反居上 故曰言居上勢 此章之意 蓋言人之處世 有心於求勝者 皆爲凶而不爲吉也

이번 장은 전부 전쟁으로 비유한 이야기이다. 아울러 당시 전쟁에 이기는 것만을 알아주는 폐습이 있어서, 이런 말들로 경계한 것이다. 가병佳兵이란 군대 부리는 것을 좋아하여 군대를 찬양하는 것이다. 이는 악마이며, 악마들은 사람 죽이는 짓을 한다. 그래서 상서롭지 못한 것이라 하였고, 천하가 다 미워한다고 하였다. 그래서 군자가 다스리는 세상에는 언제나 왼쪽[정신문화]을 숭상하고, 전쟁이 나면 힘을 숭상하게 되는데, 옛날 사람들도 전쟁은 악마의 짓이라고 생각하였다. 군자가 즐겨 할 일은 아니고, 반드시 부득이할 때만 싸운다. 불행하게 전쟁을 하더라도 절대 욕심을 내지 않는다. 염담恬淡은 맛을 붙이지 않는다는 말로 전쟁은 부득이할 경우만 한다는 뜻이다. 비록 이겼다 하더라도 또한 기뻐하지 않는다. 불미不美는 군대를 동원하는 전쟁은 좋은 일이 아니라는 말이다. 만일 전쟁을 기뻐한다면 사람 죽이기를 즐긴다는 말이다. 이런 사람이 어찌 천하의 인심을 얻겠는가. 맹자가 말한 사람 죽이기 싫어하는 사람이 천하를 통일할 수 있다는 말도 이런 뜻이다. 편장군은 상장군의 아래 지위이다. 지금 상장군이 오른쪽에 있으니 편장군은 왼쪽에 자리하였다. 옛 사람들은 전쟁을 흉사라고 생각했다. 그래서 전쟁에 이겨도 사람들이 많이 죽었으니, 상례로 대한다. 좌左는 문화의 빛이고, 우右는 달의 힘이다. 상례는 음을 숭상한다. 다행히 전쟁에 이겨도 또한 마땅히 상례로 처리해야 한다. 죽은 이를 위해 통곡하고 슬퍼하는 것이 좋다. 힘으로 말하면 아랫사람이 힘으로 쿠데타를 일으켜 윗자리에 앉는 것이다. 그래서 아랫사람이 윗자리에 앉는다고 말했다. 이 장의 뜻은 사람의 처세에 관해 말하는 것인데, 자꾸 이기려는 욕심을 부리면 다 흉하게 되고, 길吉하지 않게 된다.

第三十二章　道常無名

道常無名　樸雖小　天下不敢臣　侯王若能守　萬物將自賓　天地相合　以
도상무명　박수소　천하불감신　후왕약능수　만물장자빈　천지상합　이
降甘露　人莫之令而自均　始制有名　名亦旣有　夫亦將知止　知止所以
강감로　인막지령이자균　시제유명　명역기유　부역장지지　지지소이
不殆　譬道之在天下　由川谷之於江海也
불태　비도지재천하　유천곡지어강해야

도는 영원하나 이름은 없다. 도는 질박하여 비록 작아 보이나, 천하가 도를 신하로 삼지 못한다. 제후나 왕들이 도를 지킬 수 있으면, 만물이 장차 주인으로 섬긴다. 하늘과 땅이 서로 합해야 감로를 내린다. 사람들은 시키지 않아도 스스로 고른다. 만물이 생기면 이름이 있게 되고, 이름이 있게 되면 또한 장차 그칠 줄을 알아야 한다. 그칠 줄을 알면 위험할 것도 없다. 도道가 천하에 있다는 비유이다. 골짜기의 냇물이 강과 바다로 흘러 들어가는 것과 같다.

권재구의

道常無名 卽可名非常名也 無名之樸 道也 雖若至小 而天下莫不尊之 孰敢卑之 故曰不敢臣 爲侯王者若能守此道 則萬物自賓服之矣 王 至高也 下而接乎地 天氣下降 地氣上騰 而後 甘露降焉 天地和則甘露降 民之在天下 自生自養 莫不均平誰實使之 自然之道也 若容心而使 則不得其均平矣 道之始 本無名焉 萬物旣作 而後有道之名 制 作也 是樸散 而爲器也 此名旣有 則一生二 二生三 何所窮已 知道之士 當於此而知止 則不循名而逐末矣 循名逐末 則危殆之所由生也 知止則不殆矣 川谷之水 必歸之江海而後止 天下萬物 必歸之道而後止 故曰道之在天下 猶川谷之於江海也

도는 영원하나 이름은 없다. 즉 이름 붙일 수 있는 이름은 영원한 이름은 아니다. 이름 없는 통나무는 도를 상징한다. 도는 보이지 않아 아무것도 아닌 것 같은데, 온 천하가 다 존중한다. 누가 도를 무시할 수 있겠나. 그래서 감히 신하를 삼을 수 없다고 하였다. 제후와 왕이 이 도道를 잘 지키면 천하의 백성이 제 발로 걸어와 따른다. 하늘은 지극히 높지만 아래로 내려와 땅과 접하며, 하늘의 기운은 아래로 내려오고 땅의 기운은 위로 올라가야, 단 이슬이 내린다. 천지가 조화롭게 하나 되어야 단 이슬이 내린다. 천하의 백성들이 스스로 정신과 몸을 길러 다 같이 잘 사는 것이다. 누가 진실로 이렇게 시켰는가. 자연, 사랑이 그렇게 한 것이다. 만일 억지로 하였다면 다 같이 잘 살 수 없다. 도의 처음엔 본래 이름이 없다. 만물이 생기고 난 후 도의 이름이 있게 되었다. 제制는 일어난다는 말이다. 뿌리가 갈라져서 가지가 되고, 그릇이 나온다. 이런 이름이 나오기 시작하면, 하나에서 둘이 나오고 둘에서 셋이 나오고 끝이 없다. 도를 아는 사람은 어느 정도 가서는 그칠 줄을 알아야 한다. 이름과 돈을 좇으면 안 된다. 이름과 돈만을 좇으면 위태해진다. 자기의 한도 안에서 살면 위험이 없다. 골짜기의 냇물은 반드시 강과 바다에 가서야 끝난다. 천하 만물은 반드시 도의 세계에 돌아가야 끝이 난다. 그래서 천하에 도가 있는 것은 골짜기 냇물이 강과 바다에 있는 것과 같다고 하였다.

第三十三章 知人者智

知人者智 自知者明 勝人者有力 自勝者强 知足者富 强行者有志 不
지인자지 자지자명 승인자유력 자승자강 지족자부 강행자유지 불
失其所者久 死而不亡者壽
실기소자구 사이불망자수

다른 사람을 아는 것은 지혜롭고, 자기를 아는 것은 밝은 것이다. 남을 이기는 사람은 힘이 있는 사람이고, 자기를 이기는 사람은 정신력이 강한 사람이다. 자기의 정신적 풍요함을 아는 사람이 부자다. 자기를 이기고 실천하는 사람은 의지가 굳고, 자기의 입장을 잃지 않으면 오래 할 수 있다. 죽어도 정신이 죽지 않는 것이 오래 사는 것이다.

권재구의

智 私智也 明 在內者也 有力 角力於外者也 强在內之果也 自勝者强 勝己之私謂之克也 知足者富 無不足則常有餘也 志勝氣則其强也不弱 得其所安則久而不變 故曰不失其所者久 孔子曰 朝聞道 夕死可矣 死而不亡者壽 亦此意也 此一句非言語所可解 自證自悟可也

지智는 분별지이다. 명明은 안에 있는 지혜이다. 유력有力은 밖에 있는 것과 씨름하는 것이다. 강强은 안에서 얻은 열매다. 자승자강自勝自强이란 자기의 욕심을 이기는 것이다. 이것을 이길 극克이라 한다. 만족할 줄 아는 것을 부富라고 한다. 만족할 줄 알면 언제나 여유가 있다. 뜻이 욕심을 이겨야 정신력이 약하지 않고, 마음의 편안함을 얻어 오래되어도 변하지 않을 수 있다. 그래서 자기 입장을 잃지 않으면 오래 할 수 있다고 하였다. 공자의 아침에 도를 들으면 저녁에 죽어도 좋다는 말이나, 죽어도 죽지 않는 것이 오래 사는 것이란 말 또한 이 뜻이다. 이 한 구절은 머리로 이해할 수 있는 것이 아니라 스스로 깨닫고 스스로 증명할 문제이다.

第三十四章 大道汎兮

大道汎兮其可左右 萬物恃之以生而不辭 功成不居 衣被萬物而不爲
대도범혜기가좌우 만물시지이생이불사 공성불거 의피만물이불위
主 故常無欲可名於小矣 萬物歸焉而不知主 可名於大矣 是以聖人
주 고상무욕가명어소의 만물귀언이부지주 가명어대의 시이성인
能成其大也 以其不自大 故能成其大
능성기대야 이기부자대 고능성기대

큰 도는 한없이 넓어, 좌로 우로 어디든 갈 수 있다. 만물이 믿고 살아도 사양하지 않는다. 공을 이루고 거기에 머물지 않는다. 만물을 살려 주고 은혜를 입히고도 주인 노릇을 안 한다. 그래서 항상 욕심이 없으니 작다고 이름할 수 있다. 만물이 다 돌아가도 돌아간 줄을 모르니, 크다고 할 만하다. 성인도 한없이 크지만 자기가 크다는 생각이 없다. 그래서 한없이 큰 것이다.

권재구의

汎兮其可左右 無所係著也 物物皆道之所生 何嘗辭之 旣生矣 何嘗居之以爲功 衣被 蒙賴也 萬物皆蒙賴其利 而道何嘗有主宰之心 湛然而無所欲 可謂之自小矣 故曰可名於小 道雖小 而萬物歸之以爲主 道亦不自知 豈不謂之大乎 惟其能小所以能大 聖人之所以不爲大者 故能成其大也 此卽守其雌 爲天下谿之意

범혜기가좌우汎兮其可左右는 아무리 가도 막히는 곳이 없다는 말이다. 모든 만물이 다 도에서 나온 것이니 어찌 사양을 하며, 이미 태어났으니 내 공功이라고 할 것이 없다. 의피衣被는 힘을 입었다는 말이다. 만물이 다 그 이로움을 받았지만, 도가 어찌 너를 길러 주었다는 마음이 있겠는가. 마음이 맑아 아무 욕심이 없으니, 스스로 작다고 이를 만하다. 그래서 작다고 표현한 것이다. 도는 비록 없는 것같이 보이지만, 만물이 돌아갈 수 있는 곳이다. 도는 자기의 그런 능력을 알지 못하니, 어찌 크다고 하지 않을 수 있나. 능히 작아질 수 있어야 커질 수 있다. 성인이 자기가 크다고 생각하지 않는 이유이다. 그래서 위대한 것이다. 이것이 곧 힘이 있어도 져 줄 수 있어 천하의 골짜기가 된다는 뜻이다.

第三十五章　執大象

執大象 天下往 往而不害 安平泰 樂與餌 過客止 道之出言 淡乎其
집대상 천하왕 왕이불해 안평태 낙여이 과객지 도지출언 담호기
無味 視之不足見 聽之不足聞 用之不可旣
무미 시지부족견 청지부족문 용지불가기

큰 코끼리를 붙잡고 이 세상을 살아가면, 세상이 해칠 수가 없어 평안하고 태평하다. 음악과 음식은 과객을 멈추게 하지만, 도의 말씀은 담담하여 맛이 없다. 보아도 볼 만한 것이 없고, 들어도 들을 만한 것도 없지만, 아무리 써도 물리지 않는다.

권재구의

大象者 無象之象也 天下往者 執道而往行之天下也 以道而行 則天下孰得而害之 天下無所害 則安矣 平矣 泰矣 三字 亦只一意也 樂 鍾鼓之樂也 餌 飮食也 張樂設饌以待嘉客 樂終食盡 客過則止矣 過者 去也 是筵席必有散時也 道之可味雖若甚淡 視之雖不可見 聽之雖不足聞 言其不足悅耳目也 而用之於今古而不盡 此卽物有盡而道無窮之意 道之出言 道形於言也 猶曰道之爲言也

대상大象은 보이지 않지만 없다고 할 수 없는 상象이다. 천하왕天下往이란 도를 붙잡고 이 세상을 살아가는 것이다. 도道로 행하면 천하의 누가 이 사람을 해칠 수 있겠는가. 천하가 해칠 수 없기 때문에 편하고 태평스럽다는 것이다. 안安, 평平, 태泰 세 글자는 또한 같은 뜻이다. 악樂은 종과 북의 음악이다. 이餌는 음식이다. 음악과 음식을 준비해 놓고 가객嘉客을 기다린다. 잔치가 끝나면 나그네는 떠나가는 것이다. 과過는 지나가는 것이다. 잔치는 반드시 끝이 있다. 도의 맛이 한없이 싱겁고, 보아도 볼 수 없고, 들어도 들을 수 없다는 것은 도가 눈과 귀를 즐겁게 할 수는 없지만, 지금까지 써도 다함이 없다는 말이다. 세상 만물은 끝나도 도는 끝이 없다는 것이다. 도지출언道之出言이란 도는 말씀으로 나타나는데, 도란 말씀 속에 있다고 하는 것과 같다.[하이데거는 말씀은 존재의 집이라 하였다.]

第三十六章 將欲噏之

將欲噏之 必固張之 將欲弱之 必固强之 將欲廢之 必固興之 將欲
장욕흡지 필고장지 장욕약지 필고강지 장욕폐지 필고흥지 장욕
奪之 必固與之 是謂微明 柔之勝强弱之勝强 魚不可脫於淵 國之利
탈지 필고여지 시위미명 유지승강약지승강 어불가탈어연 국지이
器 不可以示人
기 불가이시인

장차 거두려면 반드시 펴 주어야 하고, 약하게 하려면 반드시 강하게 해 주며, 장차 폐지시키려면 먼저 일으켜 세워야 하며, 장차 빼앗으려고 하면 먼저 주어야만 하니, 이것을 일러 은미한 밝음이라고 한다. 부드럽고 약한 것이 굳세고 강한 것을 이기나니, 물고기는 연못을 벗어나서는 안 되며, 나라의 이기利器는 사람들에게 보여서는 안 된다.

권재구의

此章前八句 皆是譬喩 只是得便宜處失便宜之意 噏 斂也 弛也 張者 必弛 强者必弱 興必有廢 得必有失 與得也 奪 失也 人惟不知自以爲喜 而不知此理 雖晦而實明 故曰 微明 微猶晦也 言雖微而甚易見也 但能柔弱 必可以勝剛强 此亦守雌守黑之意 淵喩道也 魚喩人也 人之不能外於道 猶魚之不可脫於淵也 國之利器 若以示人盜賊之招也 道之爲用在我 若自眩露 而以求勝於物 亦猶以國之利器而示人也 此亦前章善者果而已 不可以取强之意

이번 장 앞의 여덟 구절은 다 비유이다. 잃어야 이득을 얻을 수 있다는 뜻이다. 흡噏은 거둔다는 말이다. 긴장한 사람은 반드시 피곤하게 된다. 강한 것은 약해지게 마련이고, 흥한 것은 반드시 무너진다. 얻으면 반드시 잃게 된다. 여與는 얻는 것이고, 탈奪은 잃는 것이다. 사람은 그런 줄도 모르고 혼자 좋아하는데, 이런 이치를 몰라서 그렇다. 어두운 것이 진짜 밝은 것이다. 그래서 미명微明이라고 하였다. 미微는 어둡다와 같다. 어두워야 쉽게 볼 수 있다는 말이다. 낮에 별을 볼 수 없지만, 밤에는 별을 쉽게 볼 수 있다. 유약할 수 있어야 굳고 강한 것을 이길 수 있다는 것도 수자수흑守雌守黑과 같은 뜻이다. 연못은 도에 비유하고 물고기는 사람에 비유하였다. 사람이 도를 떠나서 살 수 없는 것은 물고기가 연못을 벗어날 수 없는 것과 같다. 나라의 중요한 사람이나 기술을 남에게 보여 주면, 도적을 부르게 된다. 도와 하나 되어 사느냐 마느냐는 나에게 달렸다. 내가 정신이 나가, 밖으로 이기겠다고 하는 것도, 또한 국가의 이기利器를 남에게 보이는 것과 같다. 이것 또한 앞 장의 선자과이이善者果而已, 얻었으면 멈추는 것과 같은 뜻이다. 억지로 더 취하려고 하면 안 된다.

第三十七章 道常無爲

道常無爲 而無不爲 侯王若能守 萬物將自化 化而欲作 吾將鎭以無
도상무위 이무불위 후왕약능수 만물장자화 화이욕작 오장진이무

名之樸 無名之樸 亦將不欲 不欲以靜 天下將自正
명지박 무명지박 역장불욕 불욕이정 천하장자정

도는 영원하여 하는 것이 없지만, 하지 못하는 것도 없다. 후왕侯王이 이것을 잘 지킬 수 있다면 만물이 장차 저절로 변화될 것이며, 변질이 되어 욕심을 일으키면 나는 장차 무명無名의 소박함으로 그들을 가라앉힐 것이다. 무명無名의 소박함이 또한 욕심을 없게 할 것이다. 욕심이 사라져 마음이 고요하므로 천하가 장차 저절로 바르게 된다.

권재구의

此章與道常無名章 語勢皆同 無爲無不爲 自然而然也 侯王若能守此無爲之道 則不求化萬物 而萬物自化矣 天地之間 萬化欲作之時吾但以無名之樸鎭之 化 萬物之變也 萬變俱作 相尋不已 而我但以自然處之 彼自紛紛 我自安安 故曰鎭 下句 化字 不可拈上句化字說 無名之樸 何也 亦無欲而已 無欲則靜 靜則天下自正矣 不欲卽無欲也 不字又有勿字意 用功處也

이번 장은 도상무명장道常無名章과 말투가 같다. 함이 없이 하지 못하는 것이 없다는 것은 자연이 그렇다는 말이다. 후왕侯王이 무위無爲의 도를 잘 지킨다면, 만물이 변화되기를 구하지 않아도 만물 스스로 변화할 것이다. 천지간 만물 가운데는 욕심을 내는 때도 있어, 내가 이름 없는 통나무의 순박함으로 욕심을 가라앉힐 것이다. 화化는 만물이 변질됐다는 말이다. 만물이 변질되어 자꾸 욕심을 일으켜 끝이 없는데, 나는 다만 자연과 더불어 욕심 없이 살아간다. 욕심 있는 사람은 언제나 바쁘고 복잡하지만 나는 스스로 편안하다. 그래서 진정시킨다고 하였다. 아래 구절의 화化를 위 구절의 화化와 같이 보면 안 된다. 무명지박無名之樸이 무슨 말인가 하면 이 역시 욕심이 없을 뿐이라는 말이다. 욕심이 없어지면 마음이 고요해진다. 고요히 가라앉아야 천하가 저절로 바로 된다. 욕심을 내지 않는다는 말은 욕심이 없다는 말이다. 불不이란 글자는 하지 말라는 뜻이다. 잘 보아야 할 곳이다.

老子鬳齋口義

下

口義

第三十八章 上德不德

上德不德 是以有德 下德不失德 是以無德 上德無爲而無以爲 下德
상덕부덕 시이유덕 하덕불실덕 시이무덕 상덕무위이무이위 하덕
爲之 而有以爲 上仁爲之而無以爲 上義爲之而有以爲 上禮爲之而
위지 이유이위 상인위지이무이위 상의위지이유이위 상례위지이
莫之應 則攘臂而仍之 故失道而後德 失德而後仁 失仁而後義 失義
막지응 즉양비이잉지 고실도이후덕 실덕이후인 실인이후의 실의
而後禮 夫禮者忠信之薄而亂之首也 前識者 道之華而愚之始也 是
이후례 부예자충신지박이난지수야 전식자 도지화이우지시야 시
以大丈夫處其厚 不取其薄 居其實 不居其華 故去彼取此
이대장부처기후 불취기박 거기실 불거기화 고거피취차

상덕上德은 덕 같지 않으니 덕이 있고, 하덕下德은 덕을 잃지 않으려 하니 그래서 덕이 없다. 상덕上德은 무위無爲라, 했다는 생각이 없다. 하덕下德은 하긴 하는데 억지로 한다. 상인上仁은 하긴 했는데 억지로 안 하고, 상의上義는 하면서 했다는 생각이 있다. 상례上禮는 행하고 응하지 않으면, 팔을 걷어붙이고 억지로 시킨다. 그래서 도를 잃은 후에 덕이 있고, 덕을 잃은 후에 인이 있고, 인을 잃은 후에 의가 있고, 의를 잃은 후에 예禮가 나온다. 예라는 것은 충직함과 믿음이 엷어져서 나타나는 싸움의 시작이다. 지식이란 도의 끄트머리고, 어리석음의 시작이다. 그러므로 대장부는 두터움에 처하고 각박하지 않으며, 진실 속에 살지 껍데기 속에 살지 않는다. 그래서 저것을 버리고 이것을 취한다.

권재구의

上德之人 有德而不自知其德化也 惟其能化 是以有德 不失德者 執而未化也 執而未化 則未可以爲有德 故曰無德 上德下德 只前章太上其次之論無爲而無以爲 卽無爲而無不爲也 以者有心也 無以爲是無心而爲之也 下德之有以爲 則爲容心矣 旣言上德下德 又以仁義繼之 上仁爲之而無以爲 以仁爲上德也 上義爲之而有以爲 以義爲下德也 老子之學 以禮爲强世 先以仁義抑揚言之 而後及於禮 則禮爲愈下矣 爲之而莫之應 强民而民不從之也 仍引也 民不從 而强以手引之 强掣拽之也 只是形容强民之意 故曰攘臂而仍之 道 自然也 德 有得也 自然者化 有得者未化 故曰失道而後德 仁者 有愛利之心 比之德又下矣 義者 有斷制之心 比之仁又下矣 禮者 有强民之意 比之義又下矣 老子之言仁義禮 其字義皆與孔孟不同 就其書而求其意可也 若論正當字義 則皆失之 禮者 忠信之薄 言修飾於外而不由中矣 其意以禮爲出於人僞 故曰亂之首 前識者 多識前言往生也 以多識爲智 則非道之實矣 華者 務外也 以此爲智 反以自愚故曰愚之始 曰厚 曰實 只是務內之意 去彼取此者 言其不爲禮而爲道也 此者道也

최고의 덕을 가진 사람은 덕이 있어도 자기가 덕이 있는 줄을 알지 못한다. 그 덕으로 감화시킨다. 능히 남을 감화시킬 수 있는 사람이라야 덕이 있는 사람이다. 덕을 잃지 않으려고 애쓰는 사람은 사람을 붙잡아도 감화시킬 수 없다. 인위적으로 하는 것은 덕이라고 할 수 없다. 그래서 덕이 없다고 한 것이다. 상덕하덕上德下德은 앞의 제17장에서 논한 태상기차太上其次[상고 그다음 시대]와 같은 것인데, 한다는 마음 없이 하는 것, 즉 함이 없이 하지 못하는 것이 없다. 이以는 마음이 있는 것이다. 무이위無以爲는 무심無心으로 하는 것이다. 하덕下德은 한다는 마음으로 한 것이니, 내가 했다는 마음을 가지고 있는 것이다. 상덕과 하덕을 말하고 또 인의를 이어서 말한 것은 상인上仁은 하긴 해도 했다는 생각이 없어, 인仁으로 하는 것은 상덕上德과 같고, 상의上義는 하긴 해도 했다는 생각이 있으니, 의義로 하는 것은 하덕下德이 된다. 노자학에서 예는 세상에 강요하는 것이다. 먼저 인의를 소리 높여 강조한 후에 예를 말하지만, 예는 더욱 낮은 수준이 되고 만다. 하되 응하지 않는다는 것은 백성들에게 강요해도 백성들이 따르지 않는다는 말이다. 잉仍은 이끄는 것이다. 백성이 복종하지 않으니, 강제로 잡아 끌어당긴다. 강强은 억지로 끄는 것인데, 백성들을 강제하는 표현이다. 그래서 팔을 걷어붙이고 당긴다고 했다. 도道는 자연이다. 덕德은 얻은 것인데, 안으로 얻는 것이다. 자연은 변화시킬 수 있지만, 얻은 것으로는 변화시킬 수 없다. 그래서 도를 잃은 후 덕이라고 했다. 인仁이란 이익을 추구하는 마음이다. 이것은 덕의 아래이다. 의義는 끊고 억제하는 마음이다. 이것은 인의 아래가 된다. 예禮는 백성에게 강요하는 뜻이 있다. 이것은 의義의 아래이다. 노자가 말한 인의예仁義禮의 글자 뜻이 공자, 맹자와 다르다. 이 책의 본문을 보고 그 뜻을 이해해야 한다. 글자의 뜻을 정당하게 말해 보면, 다 바름을 잃은 것이다. 예禮란 충직함과 믿음이 모자라서 마음 중심을 말미암지 않고 밖에만 꾸미는 것을 말한다. 예禮에는 인위적인 거짓이 끼어든다는 뜻이다. 그래서 질서가 무너지는 어지러움의 시작이라고 했다. 전식前識이란 옛말과 지나간 행적을 많이 아는 것이다. 많이 아는 것만으로 지智를 삼는 것은 도의 속 알맹이가 아니다. 화華는 밖을 힘쓰는 것이다. 이것으로 지智를 삼으면, 도리어 자기가 바보가 된다. 그래서 어리석음의 시작이라고 했다. 후厚와 실實은 안을 힘쓴다는 뜻이다. 거피취차去彼取此는 예에 빠지지 않고 도를 실천하는 것을 말한다. 이것이란 도이다.

第三十九章 昔之得一

昔之得一者 天得一以清 地得一以寧 神得一以靈 谷得一以盈 萬物
석지득일자 천득일이청 지득일이녕 신득일이영 곡득일이영 만물
得一以生 王侯得一以爲天下貞 其致之一也 天無以淸 將恐裂 地無
득일이생 왕후득일이위천하정 기치지일야 천무이청 장공렬 지무
以寧 將恐發 神無以靈 將恐歇 谷無以盈 將恐竭 萬物無以生 將恐
이녕 장공발 신무이영 장공헐 곡무이영 장공갈 만물무이생 장공
滅 侯王無以爲貞 而貴高將恐蹶 故貴以賤爲本 高以下爲基 是以侯
멸 후왕무이위정 이귀고장공궐 고귀이천위본 고이하위기 시이후
王自稱孤寡不穀 此其以賤爲本邪 非乎 故致數車 無車 不欲琭琭如
왕자칭고과불곡 차기이천위본야 비호 고치수차 무차 불욕녹녹여
玉 落落如石
옥 낙낙여석

옛날에 하나를 얻었다는 것은, 하늘은 하나를 얻어 맑아졌고, 땅은 하나를 얻어 안녕하였고, 신神은 하나를 얻어 영험하게 되었고, 골짜기는 하나를 얻어 채우게 되었고, 만물은 하나를 얻어 생겨났고, 왕후王侯도 하나를 얻어 천하를 바로 잡을 수 있었다는 것이다. 하나를 얻어서 그렇게 된 것이다. 하늘이 맑지 않으면 장차 아마도 깨지고 말 것이고, 땅이 안녕하지 못하면 장차 아마도 폭발하고 말 것이고, 신이 신령스럽지 못하면 장차 아마도 없어질 것이고, 골짜기가 채워지지 않으면 장차 아마도 마를 것이고, 만물이 생겨나지 않으면 장차 아마도 소멸될 것이고, 후왕侯王이 바르게 정치를 하지 않고 높고 귀한 자리만 탐하면 장차 아마도 거꾸러질 것이다. 그래서 귀해도 천한 것으로 근본을 삼고, 높아도 낮은 것으로 터를 삼으므로, 후왕侯王이 스스

로 자기를 고아요, 과인이요, 쭉정이라고 하였다. 이것이 천한 것[백성]으로 근본을 삼은 것이 아니겠는가. 그래서 나라의 대접이 많아지면 치욕도 커진다. 희귀한 옥도, 아무데나 굴러다니는 돌도 바라지 말라.

권재구의

一者 道也 天之所以淸明而垂象 地之所以安靜而載物 神之所以虛而靈 谷之所以虛而盈 皆此道也 萬物之所以生 亦此道也 侯王之所以保正萬邦 亦此道也 其致之者 言其淸寧靈盈生正 皆因此道而得之 裂 猶周易言毁也 發 言動而不定也 歇 消滅而不靈也 竭 盡也 虛則能受 不虛則盡 止而不可受矣 蹶 顚也 處貴高之位而無此 則顚蹶矣 曰賤 曰下 卽前章所謂少則得之意 皆虛而不自有也 貴賤高下兩句 亦只是譬喩 無賤何以爲貴 無下何以能高 下與賤 乃貴高之基本也 侯王之稱曰孤 曰寡人 曰不穀 皆是自卑之辭 又以此爲虛而不自有之喩 非乎者 言我如此說 豈有不然者乎 莊子曰 非乎而曾史是也 亦是此類文勢 此兩字文之奇處 數車無車 一本作數譽無譽 譽字誤也 此兩句 本是譬喩 若作譽字 則與下文 如玉如石意不相屬矣 致 至也 故致猶曰其至也 車者 總名也 隨件而數之 則爲輪爲轂 爲輻爲衡爲軾 遂無車矣 車遂爲虛名矣 如玉如石 則琭琭然 落落然 終不可易 車則可有而可無 玉石則一定而不可易 可有可無 則近於道 虛而能化也 一定不可易 則不化矣 莊子曰 除日無歲 亦數車無車之意

일一은 도道이다. 하늘이 맑아서 많은 별들이 반짝이고, 땅이 편안하여 만물을 실어 주고, 신은 비어 있어 영험하고, 골짜기는 비어 있어 채울 수 있는 것이 다 도道가 있어서 그렇다. 만물이 생겨나는 것도 이 도道이고, 후왕侯王이 천하를 보존하고 바르게 다스리는 것도 이 도道 때문이다. 결론이 하나라는 것은 청녕령영생정淸寧靈盈生正이 다 이 도道로 말미암아 얻은 것을 말한다. 열裂은 주역에서 말한 훼손과 같다. 발發은 움직여 일정하지 않은 것을 말한다. 헐歇은 소멸하여 영특하지 않은 것이고, 갈竭은 다했다는 말이고, 비우면 받아들일 수 있고, 비우지 않으면 다하고, 그치면 받을 수 없다. 궐蹶은 거꾸러지는 것이다. 아무리 높은 자리도 이것이 없으면 거꾸로 넘어진다. 천賤과 하下를 말한 것과 앞장에서 적을수록 얻는다는 것이 다 비우고 스스로 소유하지 않는다는 것이다. 귀천貴賤과 고하高下 두 구절이 다 비유인데, 천한 것[백성]이 없으면 어떻게 귀한 것[왕]이 될 수 있겠고, 낮은 것이 없으면 어떻게 높을 수 있나. 낮고 천한 것이 높고 귀한 것의 터가 되고 근본이 된다. 후왕侯王이 스스로 칭하기를 고아, 과인, 쭉정이 하는 것은 백성에 대하여 자기를 낮추는 말들이며, 또 이렇게 하여 자신을 비우고 소유하지 않는다는 비유이기도 하다. 비호非乎는 내가 설명한 것이 그렇지 않은가 반문하는 것이다. 장자가 말한 증삼曾參과 사어史魚가 맞지 아니한가 역시 같은 말투이다. 이 두 글자가 노자의 기묘한 글솜씨이다. 수차무차數車無車를 어떤 판본에는 수예무예數譽無譽로 되어 있는데 예譽자는 잘못된 것이다. 만일 예譽자로 쓰면, 아래 문장인 옥같이, 돌같이와 뜻이 이어지지 않는다. 치致는 이르다는 것이다. 그래서 치致는 이르다고 말한 것과 같다 하였다. 차車는 전체적 이름이고, 부분으로 보면 수레바퀴와 바퀴통, 바퀴살, 가로축, 수레 앞부분 걸대 등으로 나뉘어 결국 차車는 없고, 차는 결국 헛된 이름이 되고 만다. 옥은 희귀하고 돌은 흔하여 끝내 바뀔 수 없다. 차는 있을 수도 없을 수도 있으나, 옥석玉石은 일정하여 바뀔 수 없다. 바뀔 수 있는 것이 도에 가깝고, 자기를 비워서 변화시킬 수 있다. 일정하여 바뀔 수 없으면 감화시킬 수 없다. 장자가 말한 섣달 그믐날이 한 해는 아니라고 한 것이나 또한 수차數車[부품]가 곧 차車[전체]는 아니라고 한 것이나 같은 뜻이다.

第四十章 反者道之動

反者 道之動 弱者 道之用 天下之物 生於有 有生於無
반 자 도 지 동 약 자 도 지 용 천 하 지 물 생 어 유 유 생 어 무

돌아오는 것이 도의 움직임이고, 유약한 것은 도의 쓰임이다. 천하의 만물은 유有에서 나오지만, 유有는 무無에서 나온다.

권재구의

反者 復也 靜也 靜者動之所由生 卽易所謂艮 所以成終成始也 能弱而後能强 專於强則折矣 動以靜爲用 强以弱爲用 故曰 反者道之動 弱者强之用 如此造語文法也 有天地然後有萬物 故曰物生於有 然天地孰生之 天地之始生於泰虛 是生於無也 因動靜强弱 而又推言有無之始也 老子之學 大抵主於虛主於弱 主於卑 故以天地之間有無動靜 推廣言之 亦非專言天地也

반反이란 회복함이요, 고요함이다. 정靜은 동動이 작용하도록 한다. 즉 주역에 이른바 중산重山 간艮괘가 마침도 이루고 시작도 이루는 까닭이다. 유약할 수 있어야 능히 강해질 수 있고, 오로지 강하기만 하면 부러진다. 동動은 정靜이 있어 작용하고, 강强은 약弱이 있어 작용한다. 그래서 반反은 도道의 움직임이요, 약弱은 강强의 쓰임이라고 하였다. 이와 같이 말을 만들어서 해석해야 뜻이 통한다. 천지가 있은 후 만물이 있어, 그래서 만물은 유有에서 나왔다고 하였다. 그러면 천지는 누가 낳았는가. 천지의 시작, 태초는 태허泰虛 곧 무無에서 나왔다. 동動은 정靜에서, 강强은 약弱에서 나오는 것을 미루어 유有는 무無에서 나왔다고 말하는 것이다. 노자는 허虛와 약弱과 비卑를 제일 중요하게 생각한다. 그래서 천지간에 유무동정有無動靜을 미루어 더 넓게 천지만을 오로지 말하는 것은 아니고, 자기를 낮추는 도道는 천지로도 모자란다는 말이다.

第四十一章　上士聞道

上士聞道 勤而行之 中士聞道 若存若亡 下士聞道 大笑之 不笑 不
상사문도 근이행지 중사문도 약존약망 하사문도 대소지 불소 부
足以爲道 故建言有之 明道若昧 夷道若類 進道若退 上德若谷 大
족이위도 고건언유지 명도약매 이도약류 진도약퇴 상덕약곡 대
白若辱 廣德若不足 建德若偸 質眞若渝 大方無隅 大器晩成 大音
백약욕 광덕약부족 건덕약투 질진약투 대방무우 대기만성 대음
希聲 大象無形 道隱無名 夫惟道 善貸且成
희성 대상무형 도은무명 부유도 선대차성

상근기의 사람들은 도道를 들으면 바로 그 자리에서 믿고 실천하는데, 보통 사람들은 도道에 대해 들으면, 있는 것 같기도 하고 없는 것 같기도 하여 자꾸 의심하게 된다. 하근기의 사람들은 도道에 대해 들으면 그냥 피식 웃고 만다. 웃지 않으면 도道가 아니다. 그래서 다음과 같은 말이 있게 되었다. 밝은 도道는 어두운 듯하고, 평탄한 도는 함께하는 듯하고, 앞으로 나아가는 도는 물러서는 듯하고, 높은 덕은 골짜기 같고, 결백한 사람은 치욕을 받은 듯하고, 넓은 덕은 부족한 듯하고, 꿋꿋한 덕德은 경박한 듯하고, 진실은 자꾸 변하는 듯이 한다. 큰 모는 모서리가 없고, 큰 그릇은 늦게 이루어지고, 큰 소리는 들리지 않고, 큰 상象은 형태를 볼 수 없다. 도는 본래 이름이 없고, 언제나 숨어 있다. 오직 도道만이 잘 빌려주고 잘 이룬다.

勤而行者 言聞而必信也 若存若亡者 且信且疑又以爲有 又以爲無也 最下鄙俚之人 則直笑之耳 惟最下之人 以之爲笑 方見吾道之高 退之論文且曰 人笑之則以爲喜 况道乎 建言者 立言也 言自古立言之士 有此數語 明道若昧 以下數句是也 此亦是設辭言 此數句不出於我 自古有之 明道若昧 惟昧則明 前章曰 自見者不明 又曰不自見故明 卽此也 進道若退者 能退則爲進也 楊子所謂 以退爲進也 夷平也 夷道 大道也 大道則無分別 類同也 和光同塵之意也 上德若谷 能虛而不自實也 大白若辱 不皎皎以自異也 廣德若不足 若自足則狹矣 偸 竊也 欲爲而不敢爲也 建立其德 是有爲者而爲之以不敢爲所以 能建立也 質眞若渝 眞實之質 純一而無變 而自有若已渝變之意 此亦足而不自足之意 大方者 太虛也 太虛之間 雖有東西南北 孰見其方隅哉 大器晩成 如鑄鼎之類 豈能速就哉 大音希聲天地之間 音之大者 莫大於風霆 豈常有哉 希者 不多見也 大象 天地也 易曰 法象莫大於天地 天地之形 誰得而盡見之 道隱無名 不可得而名也 此數句 或是指實之語 或是譬喩之語 其意皆主於能虛能無而已 貸者 與也 推以及人也 有道者能以與人 而不自有也 成者 道之大成也 成己成物 而後謂之大成也 後章又曰 旣以與人已愈多亦此意也

근이행勤而行이란 들으면 바로 믿는다는 말이다. 약존약망若存若亡은 믿었다가 의심했다가 또 있다고 했다가 또 없다고 하는 것을 말한다. 제일 몹쓸 사람들은 바로 피식 웃어 버린다. 하근기下根機 사람들이 웃어야 나의 도가 높은 줄을 안다. 한퇴지의 논문에 자기 글에 대해 사람들이 비웃어 주면 기뻐한다고 하였다. 하물며 도道이랴. 건언建言이란 말을 세우는 것이다. 예부터 내려오던 선지자의 훌륭한 말 몇 마디를 인용하였는데, 명도약매明道若昧 이하의 구절들이 바로 이런 말이다. 이것 역시 옛날부터 있던 말들이고 노자가 만든 말은 아니다. 예부터 있던 명도약매明道若昧[밝은 도는 어두운 듯]는 오직 어두워야 밝게 본다. 앞장에서 말한 스스로 보인다고 하면 모르는 것이고, 또 안 보인다고 해야 아는 것이라고 말한 것이 바로 이것이다. 진도약퇴進道若退[나아가는 도는 물러난 듯]는 능히 물러날 수 있어야 능히 나갈 수 있다. 양자楊子가 말한 물러나는 것으로 나아감을 삼는 후퇴작전이다. 이夷는 평평하다. 이도夷道는 대도이다. 대도大道는 나누고 구별하지 않는다. 류類는 함께한다. 빛을 부드럽게 하여 먼지와 함께한다는 뜻이다. 상덕약곡上德若谷은 비울 수 있어야 스스로 찼다고 여기지 않는다. 정말 깨끗한 사람은 나는 죄인이라고 한다.[깨끗함으로 남과 자신을 구별 안 한다] 넓은 덕은 항상 부족하다고 여기는데, 만약 스스로 만족하면 편협한 것이다. 투偷는 도적질이다. 하고 싶어도 감히 하지 않는다. 그 덕을 세우는 것은 열심히 하긴 해도, 감히 한다는 소리를 못하는 사람이 우뚝 세울 수 있다. 질진약투質眞若渝는 진실의 바탕은 순수하고 한결같아 변하지 않는데, 자신은 자꾸 변해야 자기를 유지하여 불변한다는 뜻이다. 이것 또한 만족하지만 자기는 부족한 사람이라고 생각하는 것이다. 대방大方은 텅 빈 하늘이다. 텅 빈 하늘에 비록 동서남북이 있어도, 누가 그 모퉁이를 볼 수 있겠는가. 대기만성大器晩成은 큰 솥과 같아 어찌 빨리 이룰 수 있겠는가. 큰 소리는 들리지 않는다. 천지간에 천둥 치는 소리가 가장 큰데, 항상 있는 것은 아니다. 희希는 자주 볼 수 없다는 뜻이다. 대상大象은 천지天地이다. 주역에 이르길 이 세상 물건 중 천지보다 더 큰 것은 없으니, 천지의 모습을 누가 다 볼 수 있겠는가. 도은무명道隱無名은 이름을 지을 수 없다는 것이다. 이 구절들은 진짜로 말한 것도 있고, 비유로 말한 것도 있는데, 그 뜻은 능동적인 허虛와 무無를 말하려는 것이다. 대貸는 주는 것이다. 나를 미루어 보아 남에게 적용하는 것이다. 도를 가진 사람은 언제나 남에게 주고 자기는 갖지 않는다. 성成이란 도道를 크게 이룬 것이다. 나도 이루고 남도 이루어 주어야 크게 이루었다고 말한다. 뒷장에 또 말하기를 남에게 줄수록 내가 더 많아진다는 것 또한 이런 뜻이다.

第四十二章 道生一

道生一　一生二　二生三　三生萬物　萬物負陰而抱陽　沖氣以爲和　人
도 생 일　일 생 이　이 생 삼　삼 생 만 물　만 물 부 음 이 포 양　충 기 이 위 화　인

之所惡　唯孤寡不穀　而王公以爲稱　故物或損之而益　益之而損　人之
지 소 오　유 고 과 불 곡　이 왕 공 이 위 칭　고 물 혹 손 지 이 익　익 지 이 손　인 지

所教　亦我義教之　强梁者不得其死　吾將以爲教父
소 교　역 아 의 교 지　강 양 자 부 득 기 사　오 장 이 위 교 부

도道는 하나를 낳고, 하나는 둘을 낳고, 둘은 셋을 낳고, 셋은 만물을 낳는다. 만물은 음陰을 지고 양陽을 품으며, 충기沖氣[사랑]로써 조화를 이룬다. 사람들이 미워하는 것이 고아와 과부와 쭉정이인데, 왕공王公이 이것을 칭호로 삼는다. 그래서 사람은 자기를 낮추면 이익을 얻고, 잘났다고 하면 손해를 본다. 사람들이 가르치는 것을 또한 나도 옳다고 가르쳐 준다. 강포한 자들은 제대로 죽지도 못한다. 나도 장차 이것을 가르침의 아비로 삼겠다.

권재구의

一 太極也 二 天地也 三 三才也 言皆自無而生 道者 無物之始 自然之理也 三極旣立 而後萬物生焉 萬物之生 皆抱負陰陽之氣 以冲虛之理 行乎其間 所以爲和也 人之所惡 莫如孤寡不穀 而王公以爲稱 此亦譬喩有道者 自卑自賤之意 其意蓋謂天地人 皆自無而有 萬物以陰陽爲質 而其所以生生者 皆冲虛之和氣 學道者當體此意 則必以能虛能無爲貴 天下之物 或欲損之 而反以爲益 或欲益之 而反以爲損 損益之理 有不可常 如月盈則必缺 此益之而損也 旣缺則必盈 此損之而益也 人之所教 猶言今世人之所以設教 彼亦曰 我之所教 皆義理也 但知求益 但知求勝 而不知剛者必折 盈不可久 故曰强梁者不得其死也 若吾以道教之 則皆在衆人之上是世之所師者 又當以我爲師也 故曰吾將以爲教父

하나는 태극이고, 둘은 음양이며, 셋은 천지인삼재三才이다. 다 무無에서 나왔다. 도道는 아무것도 없는 시작이며, 자연의 이치이다. 삼극三極이 이미 서면 만물이 나온다. 만물이 나오면 모두 음양의 기운을 지고 안고 하여, 사랑의 이치로 그 사이를 움직여 조화를 이룬다. 사람들이 제일 싫어하는 것이 고아, 과부, 쭉정이다. 그런데 왕공王公들은 자기를 고아, 과인, 쭉정이라고 부른다. 이 또한 도道를 비유한 것이다. 스스로 낮추고 스스로 천하게 여기는 뜻으로, 그 뜻은 천지인이 다 무無에서 나왔다는 것이다. 만물이 음양을 바탕으로 낳고 낳는 까닭은 다 사랑 때문이다. 배우는 사람은 이 뜻을 체득해야 능히 비울 수 있고, 능히 없이 할 수 있는 것이 가장 소중함을 알게 된다. 천하의 만물이 덜어 내려고 하면 도리어 이익을 보게 되고, 혹 이익을 보려 하면 도리어 손해를 본다. 손익의 이치가 일정하지 않다. 달도 차면 반드시 기울듯, 이것도 이익을 보려고 하면 손해를 보고, 이미 기울면 반드시 차게 되듯이, 이것도 손해를 보려고 하면 오히려 이익을 보게 되는 것과 같다. 사람의 가르침이란 요즘 사람들이 가르치는 바인데, 그들 또한 자기가 가르치는 것이 다 옳다고 말한다. 다만 이익을 구할 줄만 알고, 자기만 이길 줄 아는데, 강포한 자는 반드시 꺾어진다는 것을 모른다. 가득 차면 오래가지 못한다. 그래서 강포한 놈은 제대로 죽지 못한다고 하였다. 만약 내가 도를 가지고 가르친다면 세상 사람들 위에 있는 세상 선생들의 선생이 될 것이다. 그래서 내가 장차 선생의 선생이 될 것이라고 하였다.

第四十三章　天下之至柔

天下之至柔　馳騁天下之至堅　無有入於無間　是以知無爲之有益也
천하지지유　치빙천하지지견　무유입어무간　시이지무위지유익야

不言之教　無爲之益　天下希及之矣
불언지교　무위지익　천하희급지의

세상에서 가장 부드러운 것이 가장 견고한 것을 지배하고, 무無는 틈이 없는 곳도 들어갈 수 있다. 그러므로 무위無爲의 유익을 알고, 말 없는 가르침과 무위無爲의 유익을 따르는 자가 천하에 드물다.

권재구의

堅者 易折 柔者 常存 以至柔而行於至堅之間 如水之 穿石是也 無間 無縫鏬也 無有 卽無形也 如人身營衛之間 可謂無間 而氣脈得行之 無隙之隙 而日月之光亦入之 此皆無有入於無間也 此兩句譬喩也 以此而觀 則知無爲無不爲者至理也 不言而敎自行 無爲而功自成 此皆至道之妙用而 天下之人知不及之 故曰 天下希及之 有益有功用也

견고한 것은 쉽게 꺾이고 부드러운 것은 오래간다. 부드러운 것이 견고한 것 사이를 지나가는 것은 물이 바위를 뚫는 것과 같다. 무간無間은 틈이 없는 것이다. 무유無有는 형태가 없다는 말이다. 사람이 살아서 움직일 때, 몸에 틈이 없는데도 기氣와 맥脈이 흐르고 뛰는 것과 틈이 없는 틈으로 햇빛과 달빛이 들어오는 것과 같다. 이것은 다 무無가 틈이 없는 곳으로 들어가는 것이다. 이 두 구절도 비유이다. 이렇게 보면 무위무불위無爲無不爲[함이 없이 못하는 것이 없음]를 아는 것이 진리이다. 말 없는 가르침이 저절로 행해지고, 함이 없이 공功을 이루는, 이것이 다 지극한 도의 신비한 작용이다. 세상 사람들이 이런 경지에 갈 줄을 몰라, 그래서 세상 사람들이 알고 따르는 자가 드물다고 하였다. 유익有益은 성인이 이룬 공功의 혜택을 누리는 것이다.

第四十四章 名與身

名與身孰親 身與貨孰多 得與亡孰病 是故甚愛必大費 多藏必厚亡
명여신숙친 신여화숙다 득여망숙병 시고심애필대비 다장필후망
知足不辱 知止不殆 可以長久
지족불욕 지지불태 가이장구

명예와 몸 중에 어느 것과 더 친한가. 몸과 재물 중에 어느 것이 더 중요한가. 얻음과 잃음 중에 어느 것이 병통인가. 그러므로 너무 아끼면 왕창 쓰게 되고, 지나치게 쌓아 두면 반드시 더 많이 잃게 된다. 만족할 줄 알면 치욕을 당하지 않고, 그칠 줄 알면 위태롭지 않으니 오래 살 수 있다.

권재구의

名貨 皆外物也 無益於吾身 則雖得雖亡 何足爲病 而不知道者 每以此自病 愛有所著 則必自費心力以求之 愛愈甚 則費愈大 此言名也 貪而多藏 一旦而失之 其亡也必厚 無所藏則無所失 藏之少則失亦少 多藏乃所以厚亡也 此二句發明下三句也 惟知足者 不至於自辱 知止者 不至於危殆 如此而後可以長久 此三句 却是千古萬古 受用不盡者

명예와 재물은 다 밖의 물건이라, 내 몸에 직접 유익한 것이 없으니, 얻든지 잃든지 가슴앓이 할 필요가 있겠는가. 도道를 모르는 사람은 매번 이 병[신경쇠약]에 스스로 걸린다. 너무 집착하면 자기의 정신력을 물질 구하는 데 다 써 버리고 만다. 집착이 크면 클수록 정신력의 소모가 커 신경쇠약이 되고 만다. 이것은 명예에 대한 말이다. 욕심을 내서 많이 쌓아 두면, 하루아침에 잃기도 하고, 망해도 심하게 망한다. 쌓아 두는 것이 없으면 잃을 것도 없다. 적게 쌓아 두면 적게 잃지만, 많이 쌓아 두는 것이 왕창 망하는 까닭이다. 이 두 구절은 아래 세 구절의 뜻을 밝힌 것이다. 만족할 줄을 아는 사람만이 절대 치욕을 당하지 않는다. 그칠 줄 아는 사람만이 절대 위태로운 지경에 빠지지 않는다. 이와 같이 한 후에 오래 편히 살 수 있다. 이 세 구절은 천년만년 받들어 실천해도 다 쓸 수 없는 말들이다.

第四十五章 大成若缺

大成若缺 其用不弊 大盈若沖 其用不窮 大直若屈 大巧若拙 大辯
대성약결 기용불폐 대영약충 기용불궁 대직약굴 대교약졸 대변

若訥 躁勝寒 靜勝熱 淸靜爲天下正
약눌 조승한 정승열 청정위천하정

크게 이룬 것은 결함이 있는 듯하나 써도 닳지 않고, 가득 찬 것은 비어 있는 듯하나 써도 다함이 없다. 똑바로 곧은 것은 굽은 듯하고, 정교한 기교는 서툰 듯하고, 말 잘하는 이는 더듬는 듯하다. 조급히 뛰어 추위를 이기고, 가만있어 더위를 이긴다. 맑고 고요함이 천하의 바름이 된다.

권재구의

有成則有缺 大成者常若缺 則其用不弊矣 有盈則有虛 大盈者常若虛 則其用不窮矣 前章曰 窪則盈 弊則新 卽此意 大直則常若屈然 枉則直也 曲則全也 大巧者常若拙然 不自矜也 大辯者常若訥然 不容言也 躁之勝者 其極必寒靜之勝者 其極必熱 躁靜只是陰陽字 言陰陽之氣 滯於一偏 皆能爲病 惟道之淸靜 不有不無 不動不靜 所以爲天下之正 猶曰爲天下之式也

성공해도 부족하다고 하니, 크게 이룬 것은 결함이 있는 듯하나 써도 닳지 않는다. 차고도 찼다고 안 하니, 가득 찬 것은 항상 비어 있는 듯하나 써도 다함이 없다. 앞 장에서 패어야 채울 수 있고, 낡아야 새로워질 수 있다는 뜻과 같다. 똑바로 곧은 것은 항상 굽은 듯하지만, 굽어져야 곧아질 수 있고, 구부릴 수 있어야 완전해질 수 있다. 정교한 기교는 항상 서툰 듯하지만, 스스로 뽐내지 않는다. 말 잘하는 이는 항상 더듬는 듯하지만, 말을 꾸미지 않는다. 조급함이 지나치면 결국은 차가워진다. 고요함이 지나치면 결국은 열이 난다. 조躁와 정靜은 음陰과 양陽이다. 음양陰陽의 기운이 한쪽으로 치우치면 다 병이 된다는 말이다. 도道는 맑고 고요하여 유무有無를 초월하고 동정動靜을 초월하여 천하의 바름이 된다. 천하의 표준이 된다는 말과 같다.

第四十六章　天下有道

天下有道　却走馬以糞　天下無道　戎馬生於郊　罪莫大於可欲　禍莫大
천하유도　각주마이분　천하무도　융마생어교　죄막대어가욕　화막대
於不知足　咎莫大於欲得　故知足之足　常足
어부지족　구막대어욕득　고지족지족　상족

천하에 도가 있으면 달리던 말을 되돌려 밭을 일구고, 천하에 도가 없으면 군마가 전쟁터에서 새끼를 낳는다. 욕심 부리는 것이 가장 큰 죄이고, 만족할 줄 모르는 것이 가장 큰 재앙이며, 욕심으로 얻으려는 것이 가장 큰 허물이다. 그래서 족足한 줄 아는 것이 상족常足이다.

권재구의

以善走之馬却以糞田 卽不貴難得之貨之意 戎馬生於郊 言爭戰也 戰爭之事 皆自欲心而始 欲心旣萌 何時而足 唯得是務 所以爲罪爲禍爲咎也 惟知足者 以不足者爲足 則常足矣 此又發明前章知足不辱之意

잘 달리는 군마를 농사짓는 말로 쓴다는 것은 얻기 힘든 재화를 귀하게 여기지 않는 것과 같다. 군마가 교외에서 태어난다는 것은 전쟁이 났다는 말이다. 전쟁이란 다 욕심 때문에 시작한다. 욕심이 이미 싹트면 언제 만족할 때가 있겠는가. 얻어도 더 얻겠다고 힘쓰니, 죄가 되고, 재앙이 되고, 허물이 되는 까닭이다. 오직 족한 줄을 아는 사람만이 부족함을 만족으로 삼아, 항상 만족한다. 이 또한 앞 장에서 밝힌 족할 줄 알면 치욕을 받지 않는다는 뜻이다.

第四十七章　不出戶

不出戶　知天下　不窺牖　見天道　其出彌遠　其知彌少　是以聖人不行
불출호　지천하　불규유　견천도　기출미원　기지미소　시이성인불행
而知　不見而名　不爲而成
이지　불견이명　불위이성

문밖을 나가지 않고 천하를 알고, 창밖을 엿보지 않고 천도天道를 보니, 그 나감이 멀어질수록 그 앎이 적어진다. 그러므로 성인은 다니지 않고 알고, 보지 않고 밝게 안다. 가만있어도 이룬다.

권재구의

天下雖大　人情物理一而已矣　雖不出戶亦可知　天道雖隱　陰陽變化千古常然　雖不窺牖亦可見　若必出而求之　則足迹所及所知能幾　目力所及　所見能幾　用力愈勞　其心愈昏　故曰其出彌遠　其知彌少　此亦設喩以發明下句而已　不行而自知　不求見而自有名　不爲而自成　聖人之道　其爲用也如此　易曰　不疾而速　不行而至　亦此意也

천하가 비록 커도 인정人情과 물리物理는 한결같을 뿐이다. 비록 집 밖에 나가지 않아도 또한 알 수 있다. 하늘의 별과 달이 가려 있어도, 음양의 변화는 천고에 항상 그러하다. 비록 창을 통해 엿보지 않아도 알 수 있다. 만약에 반드시 나가서 구해야 한다면 발이 미칠 수 있는 곳이 얼마나 되며, 눈이 미쳐서 볼 수 있는 곳이 얼마나 되겠는가. 힘은 쓸수록 수고롭고, 마음만 더욱 어두워진다. 그래서 나다닐수록 더 멀어지고, 아는 것이 적어진다고 하였다. 이 또한 비유를 들어 아래 구절의 뜻을 밝히려는 것이다. 다녀 보지 않아도 알 수 있고, 눈으로 보려고 안 해도 저절로 알고, 하지 않아도 다 이룰 수 있다. 성인의 도는 이와 같이 쓸모가 있다. 주역에 서두르지 않아도 빠르고, 가지 않아도 도달한다는 말이 또한 같은 뜻이다.

第四十八章 爲學日益

爲學日益 爲道日損 損之又損 以至於無爲 無爲而無不爲矣 故取天
위학일익 위도일손 손지우손 이지어무위 무위이무불위의 고취천

下者 常以無事 及其有事 不足以取天下
하자 상이무사 급기유사 부족이취천하

배운다는 것은 날로 더하는 것이요, 도를 행하는 것은 날로 덜어 내는 것이다. 덜어 내고 또 덜어 내어 무위無爲에 이르면, 함이 없이 하지 못하는 것이 없게 된다. 언제나 일을 벌이지 않고 천하를 취하는데, 급기야 일을 벌이면 천하를 얻기에 부족하다.

권재구의

爲學則日日求自益 爲道則日日求自損 故前言絶學無憂 蓋言道不在於見聞也 大慧云 讀書多者 無明愈多 亦此意也 黜聰明 隳肢體 去智與故 則損之又損 則可以無爲無不爲矣 取天下者 必以無心 有心者反失之 三代之得天下 何容心哉 因當時戰爭之俗 借以爲喩 其言亦足以戒 此書多有此意 無事有事卽無心有心也

배운다는 것은 날로 스스로 보태기를 구하는 것이고, 도를 행하는 것은 날로 스스로 줄이기를 구하는 것이다. 그래서 앞에서 배움을 끊어야 아무 걱정이 없다고 하였다. 도는 보고 배우는 데 있지 않다는 말이다. 대혜선사가 책을 많이 읽으면 무명無明을 키워 자꾸 몰라진다고 하였는데, 또한 같은 뜻이다. 겉똑똑이를 떠나고 지체肢體를 벗어나 분별지를 버렸기 때문에, 줄이고 또 줄여, 함이 없이 못하는 것이 없는 것이다. 천하를 얻으려는 사람은 반드시 욕심을 내면 안 된다. 욕심을 내면 오히려 잃게 된다. 하은주夏殷周 삼대三代가 욕심을 내서 천하를 얻은 것이겠는가. 노자 당시 전쟁에 이골이 나서 이런 비유를 들었는데, 경계로 삼기에 충분한 말이다. 이 책에는 이런 뜻의 말이 많다. 엉뚱한 일을 벌이지 않는 것으로 일을 삼고, 욕심 없는 마음을 가져야지 욕심이 있으면 안 된다.

第四十九章　聖人無常心

聖人無常心　以百姓心爲心　善者吾亦善之　不善者吾亦善之　得善矣
성인무상심　이백성심위심　선자오역선지　불선자오역선지　득선의
信者吾信之　不信者吾亦信之　得信矣　聖人之在天下　慄慄爲天下渾
신자오신지　불신자오역신지　득신의　성인지재천하　첩첩위천하혼
心　百姓皆注其耳目　聖人皆孩之
심　백성개주기이목　성인개해지

성인은 고정된 마음이 없어, 백성의 마음으로 자기 마음을 삼는나. 착한 사람에게는 나도 좋게 대하고, 나쁜 놈에게도 나는 좋게 대한다. 그러면 그 사람도 나에게 좋게 대해 준다. 믿을 만한 사람을 나는 믿어 주고, 못 믿을 사람도 내가 믿어 주면, 결국 그도 나를 믿어 준다. 성인이 세상에 있을 때는 걱정 근심이 많아 천하를 위해 온 힘을 다 쓴다. 백성들도 조금씩 이목을 집중하고 성인의 마음을 이해하게 된다. 성인은 백성들을 어린아이로 대한다.

권재구의

無常心者 心無所主也 以百姓之心爲心 則在我者無心矣 善不善在彼 而我常以善待之 初無分別之心 則善常在我 在我之善 我自得之 故曰得善矣 子曰 苟志於仁矣 無惡也 與此意同 信不信者在彼 而我常以信待之 初無疑間之心 則信常在我 在我之信 我自得之 故曰得信矣 子曰 不億不信 亦此意也 其曰 吾亦善之亦信之者 非以其不善爲善 非以其不信爲信也 但應之以無心而已 慄慄 不自安之意 聖人無自矜自足之心 故常有不自安之意 渾其心者 渾然而不露圭角 此心渾然 所以無善不善 信不信之分也 注其耳目者 人皆注其視聽於聖人而聖人皆以嬰兒待之 故曰皆孩之 此無棄人之意也

무상심無常心이란 마음에 주장하는 바가 없다는 말이다. 백성의 마음으로 자기 마음을 삼으니, 나에게는 아무 욕심도 없다. 착하고 착하지 않고는 저 사람에게 달렸으니, 나는 언제나 좋게 대한다. 처음부터 분별심이 없으면 선善은 항상 내 안에 있다. 내 안에 있는 선善을 내가 스스로 체득하는 것이니, 그래서 선善을 얻는다고 하였다. 공자가 말한 진실로 인仁에 뜻을 두면 나쁜 짓은 안 한다는 것도 이와 같은 뜻이다. 믿어 주고 안 믿어 주는 것은 저 사람에게 달렸으니, 나는 항상 믿음으로 대한다. 처음부터 의심하는 마음이 없는 것은 믿음이 항상 내 안에 있고, 내 안의 믿음을 스스로 체득하는 것이니, 그래서 믿음을 얻었다고 하였다. 공자가 말한 안 믿어 줄 것이라고 미리 억측하지 말라는 것도 또한 이와 같은 뜻이다. 오역선지역신지吾亦善之亦信之는 좋게 생각하지 않으면서 좋게 대하고, 믿지 않으면서 믿어 주는 것이 아니라, 그냥 상대방에 대해서 욕심 없이 대하는 것뿐이다. 첩첩惵惵은 스스로 편하지 않다는 뜻이다. 성인은 스스로 뽐내고 이 정도면 됐다는 마음이 없다. 그래서 항상 스스로 마음이 불편하다는 뜻이다. 혼기심渾其心은 한 덩어리 마음으로 모나게 드러내지 않는 것이다. 이렇게 마음이 혼연할 수 있는 것은 선善과 불선不善, 신信과 불신不信을 구별하지 않기 때문이다. 주기이목注其耳目, 이목을 집중한다는 것은 사람들이 성인聖人만 바라보고 귀를 기울인다는 것이다. 성인은 모든 사람을 갓난아기로 대한다. 그래서 다 어린애로 대한다고 하였고, 이 말은 어떤 사람도 버리지 않는다는 뜻이다.

第五十章 出生入死

出生入死 生之徒十有三 死之徒十有三 民之生動之死地 亦十有三
출생입사 생지도십유삼 사지도십유삼 민지생동지사지 역십유삼

夫何故 以其生生之厚 蓋聞善攝生者 陸行不遇兕虎 入軍不被甲兵
부하고 이기생생지후 개문선섭생자 육행불우시호 입군불피갑병

兕無所投其角 虎無所措其爪 兵無所容其刃 夫何故 以其無死地焉
시무소투기각 호무소조기조 병무소용기인 부하고 이기무사지언

이 세상에서 나오면 살고 이 세상에 들어가면 죽는다. 살아난 자가 열에 셋이고, 죽은 자가 열에 셋이며, 죽어 가는 자가 열에 셋이다. 왜 그런가. 너무 살려고만 발버둥 쳐서 그렇다. 듣건대 섭생을 잘하는 사람은 육지로 다녀도 호랑이나 코뿔소를 만나지 않고, 군대에 들어가도 총알도 피해 간다. 코뿔소의 뿔이 들어갈 틈이 없고, 호랑이의 발톱이 할퀼 곳이 없다. 칼을 받을 곳도 없다. 왜 그럴까. 죽음을 초월해서 그렇다.

권재구의

出生入死 此四字一章之綱領也 生死之機 有竅妙處 出則爲生 入則爲死 出者 超然而脫離之也 入者 迷而自汨沒也 能入而出 惟有道者則然 天有十二辰 歲有十二月 日有十二時 十二者 終始之全也 十二而下 又添一數 便是十三 分明只是一箇一字 不謂之一 而曰十三 此正其作文之奇處 言人之生死 皆原於此一 一者幾也 卽其幾而求之 養之得其道 則可以長生久視 養之不得其道 則與萬物同盡 徒者 言其類也 一字本難言 且以一念之始强名之 亦未爲的切 却要自體認也 民之生者 言人之在世 其所以動而趍於死地者 皆在此一念之初 纔把得不定 動卽趍於死地矣 動非動靜之動 乃動輒之動也 之往也 死地 死所也 夫何故者 發問之辭也 此數語爲今古養生者學問之祖 故老子於此說得亦鄭重 生者 我所以生也 生生者 我所以養其生也 養其生 而過於厚 所以動卽趨於死地 此亦輕其身 而後身存 無而後能有 虛而後能盈 損而後能益之意 說到此處 又提起箇蓋聞 言我聞古之善養生者 雖陸行於深山 而不遇兕虎 入於軍旅之中 而不被兵甲 惟其無心 則物不能傷之 兕所以不能觸 虎所以不能害 兵所以不能傷 惟其無心故也 莊子曰 入水不濡 入火不熱 亦是此意 夫何故 又發一問言 物之所以不能傷者 以我能虛能損能無 而無所謂死地也 此章凡下兩箇夫何故 其意甚鄭重 乃老子受用之妙處 所以如此申言之 昔有某寺 前一池 惡蛟處之 人皆不敢近 一僧自遠來 初不之知 行至池邊 遂解衣而浴 見者告之曰 此中有蛟甚惡 不可浴也 僧曰 我無害物之心 物無傷人之意 遂浴而出 老子之說 似於虛言 以此而觀 則其言亦不虛矣

나오면 살고 들어가면 죽는다는 출생입사出生入死 네 글자는 이번 장章의 핵심이다. 삶과 죽음의 기미는 생명의 중요한 문제인데, 나오면 살게 되고 빠지면 죽게 된다. 출出이란 초연하게 이 세상을 벗어난 것이다. 입入이란 미혹하여 이 세상에 스스로 빠진 것이다. 빠졌다가도 나올 수 있으려면 오직 도를 가져야 그렇게 될 수 있다. 하늘에는 열두 개의 별이 있고, 한 해는 열두 달이 있고, 하루에는 12간지가 있고, 열둘이 끝과 시작의 전부인데, 열둘에 또 하나를 보태서 바로 열셋이 된 것이다. 하나하나 나누어 밝혀야 하는데 하나라고 말하지 않고 그냥 열셋이라고 하였다. 이것이 노자 문법의 독특한 점이다. 사람의 생사生死는 모두 이 하나에 근원하는데[열둘은 상대세계, 하나는 절대세계], 하나는 기幾인데, 그 기미幾微에서 구하여, 잘 길러 나가 도를 얻으면, 영원한 생명을 누릴 수 있지만, 기幾를 길러도 도를 얻지 못하면 만물과 더불어 다하고 만다. 도徒는 같은 무리이다. 하나는 본래 말하기 어렵다. 또 한 생각의 시작이라고 억지로 이름 붙인 것이다. 이 또한 적절하지는 않다. 이것은 스스로 체득해야 하는 세계이다. 민지생民之生이란 사람들이 이 세상에서 사는 것을 말한다. 자기를 죽음으로 몰아가는 까닭은 다 한 생각의 처음에 달려 있다. 불확실한 것을 겨우 붙잡고 있으면 죽음의 구덩이로 빠지게 된다. 동動이란 동정動靜의 동動이 아니라, 자칫 잘못하여 나아가면 멸망에 빠진다는 동動이다. 지之는 갈 왕往이다. 사지死地는 죽을 자리이다. 부하고夫何故는 의문을 제기하는 말이다. 여기 나오는 말들은 고금古今의 모든 양생가들이 금과옥조金科玉條로 여기는 양생공부의 핵심들이다. 그래서 이런 설명을 얻은 노자를 정중하게 받든다. 생生은 내가 살았다는 것이고, 생생生生은 내가 그 삶을 기르는 것이다. 양생을 하는데 너무 잘 살아

보겠다고 하면 자칫 잘못하여 죽을 자리에 빠지고 만다. 이것 또한 자기 몸을 가볍게 생각해야 몸이 더 건강해질 수 있고, 없다고 생각한 후에 있을 수 있고, 비었다고 생각한 후에 채울 수 있고, 손해를 봐도 좋다고 생각한 후에 이익을 볼 수 있다는 뜻이다. 이렇게 설명하고는 또 이렇게 들었다고 얘기한다. 나는 들었다. 옛날에 자기를 잘 기르는 사람은 깊은 산에 들어가도 호랑이와 코뿔소를 만나지 않고, 군대에 들어가도 다치지 않고, 오직 이 세상을 초월한즉 이 세상이 그를 해칠 수 없었다. 코뿔소도 들이받지 못하고, 호랑이도 해칠 수 없었고, 병기도 상처를 낼 수 없는 것은 세상을 초월하고 자기라고 하는 것이 없기 때문이다. 장자가 말한 물에 들어가도 젖지 않고 불에 들어가도 뜨겁지 않다는 것 또한 이와 같은 뜻이다. 어째서 그런가 하고 또 한 번 물었는데, 이 세상이 해칠 수 없었던 것은 내가 비우고 줄이고 없는 것같이 생각할 수 있어 이른바 죽을 자리에 빠지지 않을 수 있었다는 것이다. 이 장에는 부하고夫何故가 두 번 나오는데 그 뜻이 아주 깊다. 이것이 노자가 깨달은 기가 막힌 곳이다. 그래서 이와 같이 거듭 말하는 것이다. 옛날에 모 사찰 앞에 연못이 하나 있었는데 나쁜 용이 살았다. 사람들이 다 가까이 가지 못했는데, 중이 하나 멀리서 와서 흉악한 용이 산다는 것을 알지 못하고 못에 와서 옷을 벗고 목욕을 하였는데, 그것을 본 사람이 이 연못에는 악룡이 있어 목욕을 할 수 없다고 하니, 중이 말하길 내가 아무것도 해칠 마음이 없으니, 어떤 것도 사람을 해칠 생각이 없을 것이라 하고 목욕을 마치고 나왔다. 노자의 말도 헛소리 같아도 이렇게 보면 거짓말은 아니다.

第五十一章 道生之

道生之 德畜之 物形之 勢成之 是以萬物莫不尊道而貴德 道之尊
도생지 덕축지 물형지 세성지 시이만물막불존도이귀덕 도지존
德之貴 夫莫之命而常自然 故道生之 畜之 長之 育之 成之 熟之
덕지귀 부막지명이상자연 고도생지 축지 장지 육지 성지 숙지
養之 覆之 生而不有 爲而不恃 長而不宰 是謂玄德
양지 복지 생이불유 위이불시 장이부재 시위현덕

도道는 낳아 주고, 덕德은 길러 주니, 물物이 나타나고 세勢를 이룬다. 그러므로 만물이 도道를 존경하고, 덕德을 소중하게 여기지 않음이 없다. 도道가 높고 덕德이 귀한 것은 명령하지 않아도 항상 저절로 된다. 그래서 도道는 낳아 주고 먹여 주고 키워 주고 자라게 하고, 길러 주고 이루어 주고 성숙하게 해 주고 부양해 주고 덮어 준다. 낳아도 소유하지 않고 다 해 주고도 뽐내지 않으며 장성시키고도 간섭하지 않는다. 이를 현덕玄德이라고 한다.

권재구의

道 自然也 無也 凡物皆自無而生 故曰道生之 德則有迹矣 故曰 畜之 畜者 有也 物則有形矣 故曰物形之 勢則有對矣 故曰勢成之 陰陽之相偶 四時之相因 皆勢也 莫之命者 猶曰莫之爲而爲也 非有所使然 則爲常自然矣 尊貴者 言其超出乎 萬物之上也 命 或作爵 非也 長之 育之 成之 熟之 養之 覆之 皆言旣生旣有之後 其在天地之間 生生不窮 皆造化之力也 然造物不有之以爲有 不恃之以爲功 雖爲之長 而無主宰之心 此所以爲玄妙之德 玄德 卽造化也 前章言失道而後德 此言道生德畜 尊道貴德 則此章德字 比前章又別讀老子者 不可如此拘礙

도道는 자연이고 무無이다. 모든 만물은 무無에서 나왔다. 그래서 도道가 낳았다고 하였다. 덕德은 자취가 있다. 그래서 축畜이라고 하였다. 축畜은 있다는 말이다. 만물은 형태가 있다. 그래서 물형지物形之라고 하였다. 세勢가 생기면 상대가 있다. 그래서 세勢가 이루어졌다고 하였다. 음양이 서로 짝이 되고, 봄, 여름, 가을, 겨울이 서로 돌아가니 다 세력이다. 막지명莫之命은 하라고 말하지 않아도 다 하는 것과 같다. 시키는 바가 없어도 저절로 되는 것이 자연이다. 존귀尊貴란 만물을 초월해 있다는 말이다. 명命을 작爵으로 적어 놓은 책도 있으나 잘못이다. 자라고 기르고 성숙해지고 양육하고 덮어주는 것들은 사람이 태어나서 자라 가는 과정이다. 천지간에 낳고 낳아 끝이 없는 것은 자연 조화의 힘이다. 그러나 조물주가 낳아 주고도 소유하지 않고 공을 이루고도 뽐내지 않는다. 비록 주인이 되어도 마음대로 안 한다. 이것이 현묘한 덕이 되는 까닭이다. 현덕玄德은 조물주의 힘이다. 앞의 제38장에서 실도이후덕失道而後德의 덕德과 여기서 말한 도생덕축道生德畜 존도귀덕尊道貴德의 덕德은 앞장과 비교하여 다르게 읽어야 한다. 인덕人德과 천덕天德은 다르다는 것이다. 이런 데 걸려들면 안 된다.

第五十二章 天下有始

天下有始 以爲天下母 旣得其母 以知其子 旣知其子 復守其母 沒
천하유시 이위천하모 기득기모 이지기자 기지기자 복수기모 몰
身不殆 塞其兌 閉其門 終身不勤 開其兌 濟其事 終身不救 見小曰
신불태 색기태 폐기문 종신불근 개기태 제기사 종신불구 견소왈
明 守柔曰强 用其光 復歸其明 無遺身殃 是謂襲常
명 수유왈강 용기광 복귀기명 무유신앙 시위습상

천하에 시작이 있어 천하의 어머니가 된다. 이미 그 어머니를 얻었으니 그 자식을 알고, 이미 그 자식을 안 것으로 다시 그 어머니를 지키니, 몸이 다하도록 위태롭지 않다. 그 입을 닫고, 그 문을 닫으면 평생토록 수고롭지 않다. 그 입을 벌리고, 그 일을 벌이면 몸이 다하도록 구원받지 못한다. 작은 것을 보는 것을 밝다고 하고, 부드러움을 지키는 것을 강하다고 한다. 그 빛을 쓰고 다시 그 밝음으로 돌아가야 몸에 재앙을 남기지 않는다. 이것이 영원을 간직하는 것이다.

권재구의

天下有始 以爲天下母 卽有名萬物之母也 母 造化也 子 萬物也 知有造化 而後知有萬物 知有萬物 又當知有造化 蓋言無能生有 有出於無 知有者不可以不知無 常無欲以觀其妙 常有欲以觀其徼 亦是此意 沒身不殆者言如此 則終身無危殆之事也 兌 口也 人身則有口 人家則有門 皆以喩萬物所自出之地 前言玄牝便是此意 塞其兌 閉其門 藏有於無而不露也 不勤 不勞而成功也 開其兌 出而用之也 濟其事 用之而求益也 濟益也 如此則其危不可救矣 所見者大 能斂而小 則爲至明 所主者剛退而守柔 則爲至强 卽不自見故明 不自矜故長也 光者 明之用 明者 光之體 用其光而歸之於明 則無殃咎矣 知用而不知藏 則遺殃之道也 襲者 藏也 常者 不易也 襲常者 言藏其用而不窮也 常 或作裳非

천하유시天下有始 이위천하모以爲天下母라는 말은 곧 무명無名은 태초이고, 유명有名은 만물의 어머니란 말이다. 모母는 만들고 변화시키는 것이다. 자子는 만물이다. 어머니를 알고 난 후 만물을 안다. 만물을 알면 당연히 어머니도 안다. 무無가 유有를 낳을 수 있다고 말하는 것이다. 유有는 무無에서 나왔다. 유有를 아는 사람은 무無를 모를 수가 없다. 제1장에서 말한 상무욕이관기묘常無欲以觀其妙와 상유욕이관기요常有欲以觀其徼도 역시 같은 뜻이다. 몰신불태沒身不殆는 이와 같이 하면 죽을 때까지 위태로운 일이 없다는 말이다. 태兌는 입이다. 사람의 몸에는 입이 있고, 집에는 문이 있다. 다 만물이 거기서 나온 근원을 비유한 것이다. 앞에서 말한 은하수가 흘러나오는 하늘 젖소, 현빈玄牝도 같은 뜻이다. 입을 닫고 문을 닫아, 유有를 무無 속에 집어넣고 드러내지 말라는 것이다. 불근不勤은 힘들이지 않고 이루었다는 것이다. 개기태開其兌는 나가서 쓰겠다는 것이다. 제기사濟其事는 나가서 쓰고 더 벌겠다는 것이다. 제濟는 보탠다는 것이다. 이와 같이 하면 위험에서 벗어날 수가 없다. 크게 보여도 줄 수 있어 작아져야 지극히 밝음이 되고, 주장하는 것이 강해도 물러나 부드러움을 지킬 수 있어야 더 강해진다. 즉 스스로 드러내지 않아야 밝은 것이고, 스스로 뽐내지 않아야 어른이다. 광光은 밝음을 쓰는 것이다. 명明은 빛의 몸이다. 빛을 사용하여 명明으로 돌아가면 재앙과 허물이 없다. 쓸 줄만 알고 간직할 줄 모르면 재앙의 길로 들어간다. 습襲은 감추는 것이고, 상常은 변하지 않는 것이다. 습상襲常이란 씀을 간직하고 다하지 않는 것이다. 힘을 다 쓰지 말고 남겨 두라는 말이다. 상常을 어떤 책에는 치마 상裳을 쓴 것도 있는데 잘못된 것이다.

第五十三章 使我介然

使我介然有知 行於大道 唯施是畏 大道甚夷 而民好徑 朝甚除 田
사아개연유지 행어대도 유시시외 대도심이 이민호경 조심제 전
甚蕪 倉甚虛 服文采 帶利劍 飮食資財有餘 是謂盜誇 非道哉
심무 창심허 복문채 대리검 음식자재유여 시위도과 비도재

나에게 굳은 지혜가 있어 대도大道를 행한다면 오직 베풀지 못할까 봐 두렵다. 대도大道는 심히 평탄한데 사람들은 지름길을 좋아한다. 조정은 겉으로는 잘 치워져 있지만 밭은 잡초만 무성하고 나라 곳간은 텅텅 비어 있다. 비단 옷을 입고 날선 칼을 차고 음식과 재화가 넘쳐나는 것을 일러 도적의 거드름이라 하니, 도道가 아니다.

권재구의

介然 固而不化之意 至道無知無行 若固執而不化 有知而有行 則凡所施爲 皆有道者之所畏也 故曰惟施是畏 夷 平也 大道甚平 人之求道 不知適正好行斜徑之路 譬如有國家者 治其朝廷則甚整 除 治也 爲宮室臺榭之類也 朝廷雖美 而田畝皆蕪 倉廩皆虛 而且以文采爲服 佩帶利劒 厭足飮食 積其資財 務爲富强此如盜賊之人 自誇其能 是豈可久 此譬喩語也 言人不知大道 而自矜聰明 自誇聞見 此好徑之徒也 豈知至道 故曰非道哉 老子之文如此等處 可謂工絶

개연介然은 확고하여 변하지 않는 뜻이다. 지극한 도道는 지知와 행行을 초월한 것이다. 만약 고집하여 변하지 않고 분별지[有知]와 분별행[有行]으로 정치를 한다고 하면, 도의 입장에서 보면 두렵다는 것이다. 그래서 인위적인 정치는 걱정이 된다고 하였다. 이夷는 평탄하다. 대도大道는 매우 평탄한데, 사람들이 구하는 것은 바른 길을 몰라 비탈길로 다니기를 좋아한다. 비유하면 정치가들이 조정은 잘 정비하고 잘 꾸미는 것과 같다. 제除는 다스린다. 궁실과 정자와 전망대 같은 것들로 조정은 비록 아름다우나 논과 밭은 황폐하고, 나라 곳간은 텅 비어 있어도, 관리는 화려한 비단 옷을 입고, 날선 칼을 차고, 먹는 것도 지겨워, 재화를 집 곳간에 쌓아 놓고 더욱 부를 누리려고 힘쓰는데, 이것은 도적들이 하는 짓이다. 잘났다고 그 능력을 뽐내니,

어찌 오래가겠는가. 이것은 비유인데, 사람이 대도大道를 모르고, 자기가 똑똑하다고 뽐내고, 보고 들은 것을 과시한다는 말이다. 이렇게 지름길만 좋아하는 무리를 어찌 지극한 도를 안다고 하겠는가. 그래서 도道가 아니라고 하였다. 노자의 이런 글은 기가 막힌 글이라 할 만하다.

第五十四章 善建不拔

善建者不拔　善抱者不脫　子孫以祭祀不輟　修之身　其德乃眞　修之家
선건자불발　선포자불탈　자손이제사불철　수지신　기덕내진　수지가
其德乃餘　修之鄕　其德乃長　修之國　其德乃豊　修之天下　其德乃普
기덕내여　수지향　기덕내장　수지국　기덕내풍　수지천하　기덕내보
故以身觀身　以家觀家　以鄕觀鄕　以國觀國　以天下觀天下　吾何以知
고이신관신　이가관가　이향관향　이국관국　이천하관천하　오하이지
天下之然哉　以此
천하지연재　이차

잘 세운 것은 뽑혀지지 않고, 잘 감싸 주면 달아나지 않아, 자손들이 제사를 계속 이어간다. 몸이 닦여지면 그 덕이 참되고, 집안이 닦여지면 그 덕이 넉넉해지고, 마을이 닦여지면 그 덕이 오래가고, 나라가 닦여지면 그 덕이 풍성해지고, 천하가 닦여지면 그 덕이 보편화된다. 그래서 몸으로써 몸을 보고, 집으로써 집을 보고, 마을로써 마을을 보고, 나라로써 나라를 보며, 천하로써 천하를 본다. 내가 어찌 천하가 그런 줄을 알았겠는가. 이것으로써였다.

권재구의

建者無不拔 抱者無不脫 建德而抱朴 則不拔不脫矣 有子孫之家 祭祀必不輟 道生一 一生二 二生三 三生萬物 生生而不窮 亦猶子孫之嗣其家也 此三句皆是設喩以言道 雖無有 而實長存也 脩諸身 則實而無僞 脩諸家則積而有餘慶 脩諸鄕則爲一鄕之所尊 脩諸國則其及人者愈盛 脩諸天下則其及人也愈徧 長 尊也 豊 盛也 普 徧也 卽吾一身 而可以觀他人之身 卽吾之一家 而可以觀他人之家 卽吾之一鄕 而可以觀他人之鄕 推之於國於天下皆然 言道之所用皆同也 以此者 道也 以道而觀 則天下無不然

세운 것은 다 뽑히고 끌어안은 것은 다 벗어난다. 덕德으로 세우고 순박하게 사랑으로 안아 주면, 뽑히지도 않고 벗어나지도 않는다. 자손이 있는 집이라야 제사를 거두지 않는다. 도道가 하나를 낳고, 하나가 둘을 낳고, 둘이 셋을 낳고, 셋이 만물을 낳으니, 낳고 낳아 끝이 없다는 것 또한 자손이 집안의 대를 이어 나가는 것과 같다. 이 세 구절은 다 비유로써 도道를 말하는 것이다. 내가 없어져도 실제로는 내가 오래 있게 된다. 몸으로 닦아야 진실로 거짓이 없다. 집이 닦여지면 선善을 쌓아 행복이 깃들게 된다. 마을에서 닦여지면 한 마을의 존경을 받는다. 나라가 닦여지면 남에게 영향을 미쳐 더욱 좋은 나라가 된다. 천하에 닦으면 사람들에게 주는 영향이 더욱 넓어진다. 장長은 존경하는 것이고, 풍豊은 풍성한 것이며, 보普는 두루 넓어지는 것이다. 내가 넉넉해져야 남도 볼 수 있고, 우리 집이 넉넉해야 남의 집도 도와줄 수 있고, 마을도 나라도 천하도 다 그렇다. 도道를 쓰는 것이 개인이나 집이나 나라나 다 마찬가지라는 말이다. 이차以此는 도道이다. 도道를 가지고 보면 천하에 그렇지 않은 것이 없다.

第五十五章　含德之厚

含德之厚　比於赤子　毒蟲不螫　猛獸不據　攫鳥不搏　骨弱筋柔而握固
함덕지후　비어적자　독충불석　맹수불거　확조불박　골약근유이악고

未知牝牡之合而峻作　精之至也　終日號而嗌不嗄　和之至也　知和曰常
미지빈모지합이최작　정지지야　종일호이익불사　화지지야　지화왈상

知常曰明　益生曰祥　心使氣曰强　物壯則老　是謂不道　不道早已
지상왈명　익생왈상　심사기왈강　물장즉노　시위불도　불도조이

후덕한 덕을 머금은 것은 갓난아이에 비유되니, 독충도 쏘지 않고, 맹수도 건드리지 않고, 독수리도 채 가지 않는다. 뼈는 약하고 근육은 부드러워도 손아귀 힘은 세다. 암수의 교합을 모르지만 고추에 정기가 꽉 차 있다. 종일 울어도 목이 쉬지 않는 것도 지극히 조화로워 그렇다. 화和를 아는 것을 상常이라 하고, 영원을 아는 것을 명明이라 하고, 살겠다고만 하는 것은 좋지 않은 것이고, 짜증내고 화내면 쓰러지고 만다. 사물이 장성하면 늙는다. 이건 다 도道와 어긋난 것이다. 도道와 어긋나면 일찍 망한다.

권재구의

含德 藏蓄而不露也 厚者 至也 含德而極其至 則如赤子然 毒蟲不螫 猛獸不據 攫鳥不搏 言物不能傷之也 亦入水不濡 入火不熱之意 赤子之骨至弱 其筋至柔 而手之所握甚固 未知有雌雄之事 而其峻亦作者 精氣盛也 峻 赤子之命原也 終日雖號 而其嗌不嗄者 心無喜怒 氣本和也 嗌 咽喉也 嗄 氣逆也 赤子純一專固 故能如此而有道者亦然 只是不動心也 和者 純氣之守也 知此至和之理 則可以常久而不易矣 知此常久之理 可謂明於道矣 生不可益 强求益之則爲殃矣 祥 妖也 故曰 益生曰祥 傳曰 是何祥也 卽此祥字之意 以心使氣 是志動氣也 强者 暴也 暴則非道矣 故曰心使氣曰强 以此爲强 無有不折 如物之壯 無有不老 此皆不謂之道 早已 速已之而勿爲也 已者 止也 三句已見第三十章

함덕含德은 간직하고 쌓아 두고 드러내지 않는 것이다. 후厚는 지극하다. 덕을 간직하여 지극히 되면 갓난아기 같아진다. 독충도 쏘지 않고, 맹수도 건드리지 않고, 독수리도 채 가지 않는 것은 만물이 그를 해칠 수 없다는 말이다. 또한 물에 들어가도 젖지 않고 불에 들어가도 뜨겁지 않다는 뜻이다. 갓난아기의 뼈는 약하고 근력은 지극히 부드러워도 손아귀 힘은 세고, 암수의 교합을 모르지만 고추가 빳빳하게 서는 것은 정기가 꽉 차 있어 그렇다. 최峻는 갓난아기의 생명 근원이다. 종일 울어도 목이 쉬거나 상하지 않는 것은 마음에 희로애락이 없고 기운이 본래 조화롭기 때문이다. 익嗌은 목구멍이다. 사嗄는 기에 거슬리는 것이다. 갓난아기는 순수하게 오로지 매달린다. 그래서 이와 같이 할 수 있다. 도道를 가져도 또한 이러하다. 단지 마음에 흔들림이 없다. 화和는 순수한 기운을 지키는 것이다. 이런 지극한 조화의 이치를 알면 항상 오래되어도 변하지 않는다. 이 영원한 진리를 알면 도가 밝아졌다고 할 수 있다. 삶은 억지로 늘릴 수가 없다. 너무 욕심을 내면 재앙이다. 상祥은 좋지 않은 것이다. 그래서 더 살려고 하는 것은 좋지 않다고 하였다. 춘추좌전에 이것이 무슨 좋은 일인가라는 구절이 나오는데, 재앙이라는 뜻이다. 이심사기以心使氣는 화를 내는 것이다. 강强은 폭력을 쓰는 것이다. 폭력을 쓰면 도가 아니다. 그래서 짜증내고 화내면 쓰러지고 만다고 하였다. 이렇게 폭력을 쓰면 결국 꺾이지 않을 수 없다. 만물이 장성하면 늙는 것과 같다. 이런 것은 도道라고 하지 않는다. 조이早已는 빨리 죽으니 그렇게 하지 말라고 하는 것이다. 이已는 그치는 것이다. 이已라는 구절이 세 번이나 제30장에 나왔다.

第五十六章 知者不言

知者不言 言者不知 塞其兌 閉其門 挫其銳 解其紛 和其光 同其塵
지자불언 언자부지 색기태 폐기문 좌기예 해기분 화기광 동기진
是謂玄同 不可得而親 不可得而疎 不可得而利 不可得而害 不可得
시위현동 불가득이친 불가득이소 불가득이리 불가득이해 불가득
而貴 不可得而賤 故爲天下貴
이귀 불가득이천 고위천하귀

아는 사람은 말이 없고, 말하는 사람은 알지 못한다. 그 입을 닫고, 그 문을 닫고, 그 날카로움을 죽이고, 그 엉킴을 풀고, 그 빛을 누그러뜨려 티끌세상과 함께하니, 이를 현동玄同이라 한다. 친함과 소원함을 초월하고 이해利害를 초월하고, 귀천貴賤을 초월하므로 그래서 천하의 귀한 것이 된다.

권재구의

知者不言 言者不知 謂道不可容言也 必塞兌閉門 而藏之於密 必挫其銳而磨礱之 使無圭角 必解其紛而條理之 使不紊亂 必和光同塵而不自眩露 此所謂至玄至妙 同然而然之理也 有此玄同之道 則天下不可得而親 又不可得而疏 言其超出於親疏利害貴賤之外也 此道之所以爲天下貴也

지자불언知者不言 언자부지言者不知는 도道란 말로 표현할 수 없다는 말이다. 반드시 입을 다물고 문을 닫아 은밀히 감추어 두고, 그 예리함을 숫돌에 갈아서 날을 없게 하고, 얽힌 것을 풀고 조리가 있게 하여 문란하지 않게 하고, 반드시 화광동진和光同塵하여 스스로 현혹되어 드러내지 않는 것을 지극한 현묘玄妙요, 자연의 이치와 같다고 말한다. 이런 현동玄同, 하늘의 도를 가지면 천하가 친할 수도, 멀리할 수도 없다는 것은 이 세상을 살아가는 데 친소親疎, 이해利害, 귀천貴賤을 초월해서 살 수 있다는 말이다. 이것이 도가 천하에서 가장 고귀한 까닭이다.

第五十七章　以正治國

以正治國 以奇用兵 以無事取天下 吾何以知其然哉 以此 夫天下多
이정치국 이기용병 이무사취천하 오하이지기연재 이차 부천하다
忌諱 而民彌貧 人多利器 國家滋昏 民多技巧 奇物滋起 法令滋彰
기휘 이민미빈 인다이기 국가자혼 민다기교 기물자기 법령자창
盜賊多有 故聖人云 我無爲而民自化 我好靜而民自正 我無事而民自
도적다유 고성인운 아무위이민자화 아호정이민자정 아무사이민자
富 我無欲而民自樸
부 아무욕이민자박

바름을 가지고 나라를 다스리고, 임기응변으로 용병을 하며, 무사無事로 천하를 취한다. 내가 어떻게 그런 줄을 알았겠는가. 이것으로써였다. 대저 천하에 꺼리고 피하는 것이 많으면 백성들이 더욱 가난해진다. 백성들이 편리한 기계를 많이 갖게 되면 국가는 더욱 어지러워진다. 사람들이 기교를 자꾸 부리면 별 이상한 사기꾼이 자꾸 생긴다. 법령이 복잡해질수록 도둑이 더 많아진다. 그래서 성인聖人이 말하기를 내가 간섭하지 않으니 백성 스스로 변화하고, 내가 고요함을 좋아하니 백성들이 스스로 바르게 되며, 내가 일을 벌이지 않으니 백성들이 저절로 부자가 되고, 내가 욕심을 버리니 백성들이 저절로 순박해지는구나 하였다.

권재구의

以正治國 言治國則必有政事 以奇用兵 用兵則必須詐術 二者皆爲有心 無爲而爲 則可以得天下之心 故曰以無事取天下 吾何以知其有心之不可 而無心之爲可 以此 道也 忌諱 防禁也 利器 人世便利之用也 技巧 工匠之巧也 奇物 如桔槔機械 等物是也 機心旣勝 機事愈生 故法令愈明而盜賊愈盛 此言 有心之害 皆譬喩語也 故古之聖人 但曰無爲好靜 無事無欲 而天下自治矣 聖人云又見後章

이정치국以正治國은 나라를 다스리다 보면 반드시 정사政事가 있게 마련이고, 이기용병以奇用兵은 전쟁을 하다 보면 반드시 적을 속이게 마련이라는 말이다. 이 두 가지는 다 욕심을 가지고 하는 것인데, 욕심이 없이하면 천하의 마음을 얻을 수 있다. 그래서 맹자는 무사無事, 일 없음으로 천하를 취한다고 하였다. 내가 어떻게 욕심 부리면 안 되고, 욕심 없으면 되는 줄을 알았겠는가. 이차以此는 도道이다. 기휘忌諱는 막고 금하는 것이다. 이기利器는 세상 사람들이 편리하게 사용하는 것이다. 기교技巧는 장인匠人의 기술이다. 기물奇物은 도르래로 물을 길어 올리는 두레박 같은 것들이다. 기계에 의존하려는 마음이 커지면 남을 속이려는 마음이 자꾸 생긴다. 그래서 법령이 많아질수록 도적이 더 성한다. 이 말은 욕심의 피해를 다 비유로 말한 것이다. 그래서 옛날 성인聖人은 무위호정無爲好靜[억지로 않고, 고요함을 좋아하고]

무사무욕無事無欲[일도 욕심도 없이]으로 천하가 저절로 다스려지게 하였다.
성인운聖人云은 또 뒤 제78장에 나온다.

第五十八章 其政悶悶

其政悶悶　其民醇醇　其政察察　其民缺缺　禍兮福所倚　福兮禍所伏
기 정 민 민　기 민 순 순　기 정 찰 찰　기 민 결 결　화 혜 복 소 의　복 혜 화 소 복

孰知其極　其無正耶　正復爲奇　善復爲妖　民之迷　其日固已久矣　是以
숙 지 기 극　기 무 정 야　정 복 위 기　선 복 위 요　민 지 미　기 일 고 이 구 의　시 이

聖人方而不割　廉而不劌　直而不肆　光而不耀
성 인 방 이 불 할　렴 이 불 귀　직 이 불 사　광 이 불 요

그 정치가 어수룩하면 백성들이 순박하고, 그 정치가 자세하고 꼼꼼하면 백성들이 살기 힘들어진다. 화와 복은 서로 인연이 되어 생기고 없어진다. 누가 그 끝을 알겠는가. 정定하여진 것은 없다. 바른 것은 속이는 것이 되고, 착함은 요사함이 된다. 백성들이 미혹된 지가 참으로 오래되었다. 그래서 성인은 방정해도 남은 해치지 않고, 날카로워도 남은 다치지 않게 한다. 자기는 곧지만 남에게는 방자하지 않게 한다. 자기에게는 밝게, 남에게는 어수룩하게 한다.

권재구의

悶悶者 不作聰明也 察察者 煩碎也 醇醇 自樂也 缺缺 不足也 此亦有心則爲害 無心則自治之意 禍福無常 更相倚伏 孰知其所極止 正者 定也 其無正耶 言倚伏無窮 不可得而定也 天下之事 奇或爲正 正或爲奇 善或爲妖 妖或爲善 是非利害 莫不皆然 此亦禍福倚伏之意 世人迷而不知 徒分奇正 徒分妖善 其迷蓋非一日矣 惟聖人之爲道 雖有方而無隅 雖有廉而不劌 雖直而不可伸 雖光而不見其耀 割削也 無隅則不削矣 廉上廉遠地之廉 不劌 不傷也 廉利則易傷 肆 伸也 不伸不見其直也 耀 光之熖者也 此皆藏有於無之意

민민悶悶은 총명하지 않아 어수룩한 것이다. 찰찰察察은 번거롭고 부스러지게 만든다는 것이다. 순순醇醇은 스스로 즐거워한다는 것이다. 결결缺缺은 부족한 것이다. 이 또한 욕심을 내면 살기 힘들어지고, 욕심이 없으면 저절로 다스려진다는 뜻이다. 화禍와 복福은 정해져 있지 않고 늘 변하는데, 서로 인연이 되어 생기고 없어진다. 누가 그 끝을 알겠는가. 정正은 정定해진다는 것이다. 정해진 것이 없다는 것은 화禍와 복福이 서로 인연이 되어 생겼다 없어졌다 끝이 없어 정해질 수 없다는 말이다. 세상일은 기奇가 정正이 되기도 하고, 정正이 기奇가 되기도 한다. 착한 것이 삿된 것이 되기도, 삿된 것이 착한 것이 되기도 한다. 옳고 그름과 이해관계는 다 그렇지 않은 것이 없다. 이 또한 화와 복이 서로 인연한다는 뜻이다. 세상 사람들은 미혹되어 알지 못한다. 한갓 기奇와 정正을 나누고, 삿됨과 착함을 분별하여 미혹된 지가 오래되었다. 성인聖人만 도를 깨달아, 방정해도 모퉁이가 없고, 날카로워도 해치지 않고, 곧아도 펴지를 않고, 빛나도 불꽃을 안 보인다. 할割은 깎는다는 것이니, 모나지 않아 깎일 게 없다는 뜻이다. 염廉은 높이 올라서 먼 곳을 본다는 렴廉이다. 불귀不劌는 상하게 않는다는 뜻이다. 뾰족하고 날카로우면 상처내기 쉽다. 사肆는 펼치는 것이다. 불신不伸은 곧게 보이려 않는 것이다. 요耀는 빛의 불꽃이다. 이것은 전부 무無 속에 유有를 감추어 놓았다는 뜻이다.

第五十九章　治人事天

治人 事天　莫如嗇 夫惟嗇 是以早復 早復 謂之重積德 重積德則
치인 사천　막여색 부유색 시이조복 조복 위지중적덕 중적덕즉

無不克 無不克則莫知其極 莫知其極可以有國 有國之母 可以長久
무불극 무불극즉막지기극 막지기극가이유국 유국지모 가이장구

是謂深根固柢 長生久視之道
시위심근고저 장생구시지도

사람을 다스리고 하늘을 섬기는 데는 아끼는 것이 제일이다. 아끼므로 일찍 돌아갈 수 있다. 조복早復은 거듭 덕을 쌓는 것을 말한다. 거듭 덕이 쌓이면 이기지 못할 것이 없다. 이기지 못하는 것이 없어 끝을 알 수 없다. 그 끝을 알 수 없으므로 나라가 있고, 나라의 어머니가 있고, 나라가 오래갈 수 있다. 이것을 일러 심근고저深根固柢, 장생구시長生久視의 도라고 이른다.[건강한 몸에 건강한 정신]

권재구의

嗇者 有餘不盡用之意 嗇則能有而無 能實而虛 宜其可以治人 宜其可以事天 早復者 言嗇則歸復於根 極者 早矣 早 不遠也 復 返本還元也 德至此 則 愈積愈盛矣 重 愈積之意也 克能也 德愈盛 則於事無不可能也 莫知其極者 用之不窮 用之不窮 則可以爲國而長久 母者 養也 以善養人者 服天下也 治國者如此 養生者亦如此 養生而能嗇 則可以深其根 固其柢 可以長生 可以久視 根柢 元氣之母也 久視 精神全 可以久視而不瞬也 今之服氣者 或有此術 雖非老子之學 可以驗老子之言 此章乃以治國 喩養生也

색嗇이란 남겨서 다 쓰지 않는다는 뜻이다. 아끼면 있을 수도 없앨 수도 있고, 채울 수도 비울 수도 있다. 그렇게 되어야 사람을 다스릴 수 있고 하늘도 섬길 수 있다. 조복早復이란 아끼면 뿌리로 돌아와 회복한다는 말이다. 극極은 빠르게이며, 조早는 멀지 않다는 것이다. 복復은 근본을 돌이켜 근원으로 돌아온다는 것이다. 덕이 이에 이르면 더욱 쌓여지고 더욱 성해진다. 중重은 거듭 쌓는다는 뜻이다. 극克은 능하다는 것이다. 덕이 더욱 성하면 무슨 일이든지 불가능이 없다. 그 끝을 알지 못한다는 것은 다 쓸 수 없다는 것이고, 다 쓸 수 없어야 나라를 오래가게 할 수 있다. 모母는 기른다는 뜻이다. 사람을 잘 기르는 사람이 천하를 통일한다. 나라를 다스리는 것도 이와 같고 양생도 이와 같다. 양생하면 능히 아낄 수 있어, 뿌리가 깊어지고 줄

기가 단단해질 수 있고, 오래 살 수 있고 오래 볼 수 있다. 근저根柢는 원기의 어머니다. 구시久視는 정신이 온전해지는 것이다. 오래 보아도 눈을 깜박거리지도 않는다. 요새 해와 달의 정기를 흡입하는 사람들이 이런 술術을 쓰기도 한다. 비록 노자를 배우지 않더라도 노자의 말을 체험해 볼 수는 있다. 이 장은 곧 나라를 다스리는 방법을 양생에 비유하였다.

第六十章 治大國

治大國 若烹小鮮 以道莅天下 其鬼不神 非其鬼不神 其神不傷人
치대국 약팽소선 이도리천하 기귀불신 비기귀불신 기신불상인
非其神不傷人 聖人亦不傷 夫兩不相傷 故德交歸焉
비기신불상인 성인역불상 부양불상상 고덕교귀언

큰 나라를 다스리는 것은 작은 생선을 요리하듯 해야 하니, 도를 가지고 천하에 임하면 귀신이 힘을 못 쓴다. 힘을 못 쓸 뿐만 아니라 사람을 해치지 못한다. 귀신도 사람을 해치지 않을 뿐만 아니라 성인도 해치지 않는다. 저 둘, 하늘과 성인이 서로 해치지 않으니 덕이 사귀어 돌아간다.

권재구의

此章先頓一句 以言不 擾之意 烹小鮮者 攪之則碎 治國者 擾之則亂 淸淨無爲 安靜不擾 此治國之道也 旣提起一句如此 下面却言三才之道 皆是不擾而已 以道蒞天下 此天下字 包三才而言之 凡在太虛之下 臨之以道 天則職覆 地則職載 聖人則職敎 三者各職其職而不相侵越 則皆得其道矣 神陽也 鬼 陰也 不曰陰陽 而曰神鬼 此正其著書立言之意 不欲盡顯露也 其鬼不神者 言地主於陰 而不干於陽 非其鬼不神者 言不特地爲然也 地盡地之道 不干於天 而天盡天之道 亦不干於人 故曰其神不傷人 非其神不傷人者 言非特天盡天之道 而不干於人 聖人亦盡聖人之道 而不干於天地也 幽則爲陰陽 明則爲聖治 此兩者 自不相傷 則其德皆歸之 言天地得自然之道 聖人亦得自然之道 各有其德 而不相侵越 故曰交歸之 不相傷者 不相侵也 聖人亦不傷之 下一本多一民字 誤也

이 장에서는 백성들을 괴롭히지 말라는 뜻으로 한 구절을 불쑥 내놓았다. 작은 생선을 요리할 때 자꾸 뒤집으면 생선살이 다 부서진다. 나라를 다스릴 때도 백성을 흔들면 나라가 망한다. 지도자가 욕심이 없고 착취하지 않아야 백성들이 편안하고 흔들리지 않는다. 이것이 나라를 다스리는 방법이다. 이와 같이 한 구절을 제기해 놓고 그 아래로 천지인삼재三才의 도리를 말하였는데, 다 백성을 괴롭히지 말고 도를 가지고 천하를 보살피라는 것이다. 이 천하天下라는 글자는 천지인삼재를 다 포함한 말이다. 하늘 아래 도道로써 임하면 하늘은 덮어 주는 일을 하고, 땅은 실어 주는 일을 하고, 성인은 가르치는 일을 한다. 천지인삼재가 각각 자기 일만 하지 서로 침범하지 않아 각각 자기의 도리를 할 뿐이다. 신神은 하늘의 빛이고 귀鬼는 땅의 음陰이다. 음양이라 않고 신귀神鬼라고 말한 것은 노자가 책을 지어 말을 하려는 깊은 뜻이 있어서 그런 것이다. 다 드러내고 싶지 않았던 것이다. 기귀불신其鬼不神이란 땅은 음을 주장하고 양을 간섭하지 않는다는 말이다. 비기귀불신非其鬼不神은 특별히 땅만 그렇게 하라는 것이 아니라, 땅은 땅의 일을 다하고 하늘을 간섭하지 말고, 하늘은 하늘의 일을 다하고 사람의 일을 간섭하지 말라는 말이다. 그래서 귀신은 사람을 해치지 않는다고 했다. 귀신이 사람을 해치지 않을 뿐만 아니라고 한 것은 하늘이 하늘의 일만 다할 뿐만 아니라, 사람의 일에는 간섭하지 않는다는 말이다. 성인도 성인의 도를 다할 뿐, 천지의 일을 간섭하지 않는다. 숨으면 음양이 되고 나타나면 성인의 다스림이 된다. 이 둘은 서로 해치지 않는다. 그 덕이 다 돌아간다는 것은 천지도 자연의 도를 얻었고 성인도 자연의 도를 얻어 다 각각 그 덕으로 서로를 침범하지 않는다는 말이다. 그래서 하늘과 땅과 사람이 서로 사귀어 돌아간다고 하였다. 불상상不相傷은 서로 침범하지 않는 것이다. 성인도 월권을 하지 않는다. 어떤 판본에는 불상민不傷民이라고 되어 있는 것도 있는데 잘못된 것이다.

第六十一章 大國者下流

大國者下流 天下之交 天下之牝 牝常以靜勝牡 以靜爲下 故大國以下
대국자하류 천하지교 천하지빈 빈상이정승모 이정위하 고대국이하

小國 則取小國 小國以下大國 則取大國 故或下以取 或下而取 大國
소국 즉취소국 소국이하대국 즉취대국 고혹하이취 혹하이취 대국

不過以兼畜人 小國不過欲入事人 夫兩者各得其所欲 故大者宜爲下
불과이겸축인 소국불과욕입사인 부양자각득기소욕 고대자의위하

큰 나라는 아래에 있어 천하가 모여드는 곳이 되고 천하의 암컷이 된다. 암컷은 항상 고요함으로 수컷을 이기며 고요함으로 아래가 된다. 그래서 대국으로 소국에 낮추면 소국을 취하고, 소국으로 대국에 낮추면 대국을 취한다. 그러므로 혹은 능동적 낮춤으로써 취하고, 혹은 수동적 낮추어서 취하니, 대국은 소국 사람들을 받아들여 길러 주자는 것뿐이고, 소국은 대국을 받아들여 섬기자는 것뿐이다. 둘 다 각각 원하는 바를 얻는다. 그래서 큰 것은 마땅히 낮추어야 한다.

권재구의

此章借大國小國之得所欲 以喩知道之人 宜謙宜靜 非教人自下以取勝也 三代而下 世有取國之事 故因其所見以爲喩爾 下流者 自處於卑下也 大國之人 能自卑下 則可以合天下之交 譬如牝者以靜而勝其牡也 自下者以靜爲道 故曰以靜爲下 以大取小曰以取 以小取大曰而取 此兩句文字亦奇特 大國之意 不過欲兼畜天下之人 以爲强盛 小國之意 不過欲鐫刺求入於人 二者皆非自下不可 惟能自下 則兩者皆得其欲 然則知道之大者 必以謙下爲宜矣 此句乃一章之結語 其意但謂强者須能弱 有者須能無 始爲知道 一書之主意 章章如此解者 多以其設喩處 作眞實說 故晦庵有老子勞攘之論 獨黃茂材解云 此一篇全是借物明道 此語最的當 但不能推之於他章 故亦有未通處

이 장은 대국과 소국이 원하는 바를 빌려, 도를 아는 사람을 비유한 것이다. 마땅히 겸손하고 마땅히 고요하라고 하는 것은 사람들에게 자신을 낮추어 이기라고 가르치려는 것이 아니라, 하은주夏殷周 삼대三代 이래로 천하가 어떻게 통일되고 나라들이 어떻게 살아남을 수 있었는가를 가르쳐 주려는 것이다. 그래서 역사에서 본 것을 비유로 삼은 것이다. 하류下流란 스스로 자기를 낮춰서 아래에 처하는 것이다. 큰 나라의 지도자들은 스스로 낮춰 내려갈 수 있어야, 천하의 모든 나라를 통합할 수 있다. 비유하면 암컷이

고요함으로 수컷을 이기는 것과 같다. 자하自下는 고요한 것으로 도를 삼는 것이다. 그래서 고요함으로써 아래로 내려간다고 했다. 큰 것으로 작은 것을 취하는 것[천하통일]을 이취以取라고 하고, 작은 것으로 큰 것을 취하는 것[독립]을 이취而取라고 하였다. 이 두 글자는 기이하고 독특하다. 대국은 천하를 통일하여 만민을 잘 길러 강성한 나라가 되려고 하는 것뿐이고, 소국은 큰 나라 속에 비집고 들어가서 독립을 지키려는 것뿐이다. 이 둘 다 자기를 낮추지 않으면 불가하다. 자기를 낮출 수 있어야 양쪽이 원하는 것을 다 얻을 수 있다. 그런즉 도의 큼을 아는 사람은 반드시 겸손함으로써 자기를 낮추어 마땅히 자기의 뜻을 편다. 이 구절이 곧 이 장의 결론이다. 그 뜻은 다만 강한 자는 약해질 수 있어야 하고, 있는 자는 없는 자같이 될 수 있어야 비로소 도를 아는 것이다. 이 책의 주된 뜻도 장章마다 이와 같다. 어떤 사람은 노자의 많은 비유를 진짜로 알아들었다. 그래서 주자朱子도 노자는 알 수 없는 소리만 해 놓아 애써 공부해도 별 소득이 없고, 어리석은 사람이 읽으면 오히려 백성들만 괴롭히니 힘써 배척해야 한다고 주장하였다. 황무재黃茂材가 해석하여 말하기를 노자 한 권이 전부 다 물리物理를 빌려 도를 밝혔다고 하였다. 이 말이 제일 옳은 말이다. 다만 이 장의 비유를 다른 장에 그대로 적용할 수는 없다. 그래서 또한 통하지 못한 곳도 있다.

第六十二章　道者萬物之奧

道者萬物之奧　善人之寶　不善人之所保　美言可以市　尊行可以加人
도자만물지오　선인지보　불선인지소보　미언가이시　존행가이가인

人之不善　何棄之有　故立天子置三公　雖有拱璧以先駟馬　不如坐進
인지불선　하기지유　고입천자치삼공　수유공벽이선사마　불여좌진

此道　古之所以貴此道者何也　不曰求以得有罪以免邪　故爲天下貴
차도　고지소이귀차도자하야　불왈구이득유죄이면야　고위천하귀

도道는 만물의 주인이다. 착한 사람의 보배요, 착하지 않은 사람도 간직해야 하는 것이다. 아름다운 말은 팔 수가 있고, 훌륭한 행동은 남에게 권할 수 있다. 사람이 착하지 않다고 어찌 버리겠는가. 그래서 천자를 세우고 삼공三公을 두고 큰 보물과 고급 수레를 앞세운다 해도, 조용히 앉아 도에 나아가는 것만 못하다. 옛날에 이 도를 귀하게 여기는 까닭은 무엇인가. 이 도를 구해 얻으면 죄가 있어도 면할 수 있다고 말하지 않았던가. 그래서 천하의 귀함이 된다.

권재구의

道者萬物之奧 此提起一句 贊美言之也 此下却言道在天下 人人有之 無智無愚 其爲善人者 有道之人 固寶之愛之矣 其不善人者 有道之人 亦保合容之 此卽中以養不中之意 市 人之相與以利交也 亦能爲美言以相悅 一鄕之間 纔有一善可尊者 人亦推敬之 可以加於人之上 以此而觀 則此性之善 何嘗絶於天下 然則人之不善者 知道之士 其可棄之耶 美言可以市 市者 自售也 如今藥家有曰 不欺廣惠者 是以美言自售也 尊行可以加人 如鄕落之間 或有長厚者 或有好善者 其鄕人亦未嘗不稱尊之 此二句 蓋謂 雖庸人 亦未嘗不知此道之爲善 拱璧以先駟馬 聘賢之禮也 卑辭厚禮求賢 而致之三公之位 不若能虛能謙以求此道 故曰不如坐進此道 且古之以此道爲貴者何也 求則得之 道本在我 爲仁由己 由人乎哉 有罪以免者 言一念之善 則加以改過 卽惡人齋戒沐浴 可以事上帝也 不曰者 如謂詩不云乎 道無賢愚 悟則得之 此所以爲可貴 故曰故爲天下貴

도道는 만물의 주인이다. 이렇게 한마디를 제기한 것은 찬미하는 소리이다. 그다음은 도道는 어디나 있다는 말이다. 사람마다 다 도를 가지고 있어 똑똑한 사람도, 어리석은 사람도 없다. 도가 있는 사람은 선善을 행하는 사람을 진실로 보물로 여겨 아끼고, 철이 덜 든 사람도 보호해 주고 받아들여 준다. 이것은 맹자에 깨달은 사람이 깨닫지 못한 사람을 가르쳐 길러 준다는 뜻이다. 시市란 사람들이 서로 모여 장사하는 시장이다. 시장에서 또 아름다운 말을 하고 서로 기뻐하는 것이다. 시골마을에서는 한 가지 착한 일만 해도 존경해 준다. 누구든지 착한 일을 하면 그 사람을 존경하고 모든 사람 위에 올려놓는다. 이렇게 보면 사람의 마음속에는 착한 성품이 있다. 어찌 착한 마음이 세상에서 끊어지겠는가. 그런즉 사람이 착하지 않다고 도를 아는 선비가 어찌 버릴 수 있겠는가. 좋은 말은 팔 수 있다. 시장은 자기가 파는 것이다. 요즘 약장수들도 내가 파는 약은 정말 좋은 약이다, 나는 거짓말을 안 한다고 말한다. 좋은 말을 해야 팔아먹을 수가 있다. 좋은 행실을 하면 사람들에게 권할 수 있다. 시골구석에도 혹 어른스런 사람이 있어, 혹 좋은 일을 많이 하든지 하면 촌사람들도 미상불 칭찬하고 존경한다. 이 두 구절은 비록 보통 사람들도 마음속에 양심이 있는 줄을 안다는 것이다. 옥돌을 선물하고 수레를 보내는 것은 어진 이를 초빙하는 예절이다. 자기를 낮추고 예를 두텁게 하여 현인을 구해 와서, 삼공의 자리에 앉히는 것이 마음을 비우고 겸손하게 이 도를 구하는 것만 같지 못하다. 그래서 조용히 앉아 이 도에 나아가는 것만 같지 않고 또 옛날에 왜 이 도를 귀하게 여겼을까 하였다. 구하면 얻는다는 것은 도는 본래 나에게 있고, 인仁을 행하는 것도 나에게 달려 있다. 어찌 남에게 달려 있겠는가. 면죄해 준다는 것도 착한 생각 한 번 하면 허물을 고칠 수 있어, 악인도 목욕재계하면 하느님을 섬길 만큼 깨끗해질 수 있다는 것이다. '말하지 않던가.'라고 한 것은 시경에 말하지 않던가와 같다. 도에는 현명함도 어리석음도 없다. 깨달으면 끝이다. 이것이 가장 소중하게 되는 까닭이다. 그래서 위천하귀爲天下貴라고 한 것이다.

第六十三章 爲無爲

爲無爲 事無事 味無味 大小 多少 報怨以德 圖難於其易 爲大於其
위무위 사무사 미무미 대소 다소 보원이덕 도난어기이 위대어기

細 天下難事 必作於易 天下大事 必作於細 是以聖人終不爲大 故
세 천하난사 필작어이 천하대사 필작어세 시이성인종불위대 고

能成其大 夫輕諾必寡信 多易必多難 是以聖人猶難之 故終無難
능성기대 부경락필과신 다이필다난 시이성인유난지 고종무난

무위無爲를 하고, 일 없음을 일삼고, 무미無味를 맛으로 여기고, 작은 것을 크게 여기고, 적은 것은 많게 여기며, 원한을 은덕으로 갚고, 어려운 일은 쉬운 일부터 도모하고, 큰일은 작은 일에서 한다. 천하의 어려운 일은 반드시 쉬운 데에서 일어나고, 천하의 큰일도 반드시 작은 일에서 일어난다. 그래서 성인은 스스로 크다고 여기지 않으므로 능히 큰 것을 이룰 수 있다. 대저 경솔한 승낙은 반드시 믿기 어렵다. 쉽게 여기는 것이 많으면 어려움도 많아진다. 그러므로 성인은 모든 일을 어렵게 여긴다. 그래서 끝내 어려움이 없는 것이다.

권재구의

無爲而後無不爲 故曰爲無爲 無所事於事 而後能集其事 故曰事無事 無所著於味 而後能知味 故曰味無味 能大者必能小能多者必能少 能報怨者必以德 能圖難者必先易 能爲大者必先於其細 自味無味以下 皆譬喩也 難事必作於易 大事必作於細 只是上意申言之也 聖人不自大 而能謙 能卑 所以成其大輕諾者 多過當 故必至於失信 以易心處事者 多至於難成 此亦借喩語也 但添一夫字 其意又是一轉 前言易矣 恐人以輕易之心視之 故如此斡轉曰易 非輕易也 聖人猶以難心處事 遂至於無難 況他人乎 此意蓋謂前言易者 無爲無事而易行也 非以輕易爲易也

힘을 빼야 힘을 쓸 수 있다. 그래서 힘을 빼고 하라고 하였다. 일에 걸리는 것이 없어야 모든 일을 해낼 수 있다. 그래서 걸림 없이 일하라고 했다. 맛에 집착하지 않아야 맛을 알 수 있다. 그래서 아무 맛없이 맛보라고 했다. 큰 것은 반드시 작은 것에서부터 하고, 많이 하려면 반드시 적은 것에서부터 해야 하며, 원수도 반드시 덕으로 갚아야 하고, 어려운 일은 쉬운 일부터 도모해야 하고, 크게 하려면 반드시 세세한 일부터 시작해야 한다. 미무미味無味 아래로는 다 비유이다. 어려운 일은 반드시 쉬운 일에서 일어나고, 큰일은 반드시 조그만 일에서부터 터진다. 이것은 윗글의 뜻을 거듭 말한 것뿐이다. 성인은 스스로 크다고 하지 않기 때문에, 겸손할 수 있고 자기를 낮출 수 있어, 크게 이룰 수 있다. 쉽게 승낙하면 실수가 많은 것이 당연하다. 그래서 반드시 신용을 잃게 된다. 쉽게 생각하고 일을 처리하면 대부분 성공하기 어렵다. 이 또한 비유로 한 말이다. 단지 부夫자 한 글자를 첨부하여 그 뜻을 또 한 번 뒤집었다. 앞에서 쉬운 것부터 하라고 했는데, 사람들이 쉽다고 깔볼까 봐 이와 같이 되돌린 것이다. 쉬운 것부터 하되 쉽다고 깔보지 말라고 했다. 성인은 오히려 어렵다고 생각하고 일을 하니, 결국 어려움에 이르지 않는다. 하물며 다른 사람들이야…. 이 뜻은 앞에서 쉽게 하라고 한 것은 힘을 빼고, 걸림 없이, 수월하게 하라는 말이지, 쉽다고 깔보아 경솔하게 하라는 말이 아니다.

第六十四章 其安易持

其安持易 其未兆易謀 其脆易破 其微易散 爲之於未有 治之於未
기안지이 기미조이모 기취이파 기미이산 위지어미유 치지어미
亂 合抱之木 生於毫末 九層之臺 起於累土 千里之行 始於足下 爲
란 합포지목 생어호말 구층지대 기어누토 천리지행 시어족하 위
者敗之 執者失之 聖人無爲故無敗 無執故無失 民之從事 常於幾成
자패지 집자실지 성인무위고무패 무집고무실 민지종사 상어기성
而敗之 愼終如始 則無敗事 是以聖人欲不欲 不貴難得之貨 學不學
이패지 신종여시 즉무패사 시이성인욕불욕 불귀난득지화 학불학
復衆人之所過 以輔萬物之自然 而不敢爲
복중인지소과 이보만물지자연 이불감위

편안함은 쉽게 잡을 수 있고, 조짐이 드러나지 않은 것은 꾀하기가 쉽고, 무른 것은 부수기 쉽고, 미약한 것은 흩어지기 쉬우니, 일이 생기기 전에 처리하고, 난리 나기 전에 정치를 잘해야 한다. 아름드리나무도 털끝만 한 싹에서 자라고, 구층 누각도 흙 한 삽으로 시작한다. 천리 길도 한 걸음부터요. 인위적으로 하면 실패하고, 꽉 잡으려고 하면 잃는다. 성인은 함이 없기 때문에 실패가 없고, 잡지 않으므로 잃지 않는다. 백성들의 일이란 거의 다 되는 듯하다 실패한다. 처음처럼 마무리를 조심하면 실패하는 일이 없다. 그러므로 성인은 욕심 없기를 바라고, 얻기 힘든 재화를 귀하게 여기지 않고, 배우지 않는 것을 배워서 사람들이 지나쳐 버린 것을 회복시켜 준다. 만물이 자연을 회복하도록 돕지만 억지로 하지 않는다.

권재구의

方其安時 持之則易 及至於危 則難持矣事之未萌 謀之則易 及其形見 則難謀矣 脆而未堅攻則易破 及其已堅 則難攻矣 迹之尙微 攻則易散及其已盛 則難散矣 事必爲於未有之先 治必謀於未亂之始 合抱之木其生也 必自毫末而始九層之臺其築也 必自一簣之土而始 千里之行 必自發足而始 凡此以上 皆言學道者必知幾 此幾字 有精有粗 如十三之一亦幾也 無始之始亦幾也 自然之然亦幾也 至於爲至於執則皆有迹矣 故曰爲者敗之 執者失之 聖人爲以不爲 執以無執 故無敗無失 凡人之從事於斯世 其所爲之事 皆有可成之幾 而常敗之者 不見其幾 而泥其迹也 不求事之終 而致愼於事之始 則無敗事矣 衆人之所不欲者 聖人欲之 衆人之所貴者 聖人不貴之 難得之貨 借喩語也 衆人之所不學者 聖人學之 衆人之所過而不視者 聖人反而視之 復 反也 此亦借喩語也 聖人惟其如此 於事事皆有不敢爲之心 而後可以輔萬物之自然

편안할 때는 살아가기가 쉽지만, 위태로워지면 살아가기가 어렵다. 일도 생기기 전에는 도모하기 쉽지만, 문제가 일단 드러나면 처리하기가 어렵다. 아직 무르고 단단하기 전에는 공격하여 부수기 쉽지만, 이미 견고해진 후에는 공격하기가 어렵다. 흔적도 미세할 때는 쉽게 없앨 수 있지만, 이미 커지고 나면 말끔히 없애기 어렵다. 일도 반드시 커지기 전에 해결해야 하고, 정치도 난리 나기 전에 잘 다스려야 한다. 아름드리나무도 작은 묘목으로부터 자란다. 구층 누각도 반드시 한 소쿠리의 흙으로부터 시작한다. 천리 길도 한 걸음부터이다. 다 무엇을 말하려는 것인가 하면 도를 배우는 사람은 기미幾微를 알아야 한다는 말이다. 기幾라는 것은 세밀하게도 크게도 말할 수 있다. 노자 제50장, 출생입사出生入死장에서 말한 열 명 중 세 명도 기미이고, 아직 시작은 안 됐는데 시작하려고 하는 것도 기미이다. 자연의 그러함도 기미이다. 억지로 하게 되고 억지로 잡게 되었다는 것은 다 문제의 흔적이 드러난 것이다. 그래서 억지로 하면 실패한다고 하였다. 성인은 함이 없이 하고, 잡지 않고 잡기 때문에, 그래서 실패하지도 잃지도 않는다. 세상 사람들의 경우는 일을 하는 데 거의 성공할 듯하다 항상 실패를 한다. 그 기미를 보지 못해서 진흙탕에 빠지고 만다. 일을 서둘러 끝내려 말고 처음처럼 신중하게 하면 실패하지 않는다. 세상 사람들이 원하지 않는 것을 성인은 가지려고 한다. 세상 사람들이 귀하게 여기는 것을 성인은 귀하게 여기지 않는다. 얻기 힘든 재화는 비유로 하는 말이다. 세상 사람들이 배우려 하지 않는 것을 성인은 배우려 하고, 세상 사람들이 지나치고 보지 않은 것을 성인은 오히려 보려고 한다. 복復은 돌이키라는 말이다. 이 또한 비유의 말이다. 성인은 이와 같이 일마다 억지로 하려는 마음이 없다. 그래서 만물이 저절로 잘 살게 도와줄 수 있다.

第六十五章 古之善爲道

古之善爲道者 非以明民 將以愚之 民之難治 以其智多 以智治國 國
고지선위도자 비이명민 장이우지 민지난치 이기지다 이지치국 국

之賊 不以智治國 國之福 知此兩者 亦楷式 能知楷式 是謂玄德 玄
지적 불이지치국 국지복 지차양자 역해식 능지해식 시위현덕 현

德深矣 遠矣 與物反矣 乃至於大順
덕심의 원의 여물반의 내지어대순

옛날에 도를 잘 행했던 사람은 백성을 밝게 만들지 않고 오히려 어리석게 만들었다. 백성을 다스리기 어려운 것은 잔꾀가 많아져서 어렵다. 그래서 잔꾀로 나라를 다스리면 나라의 도적이 되고, 나라를 잔꾀로 다스리지 않는 것이 나라의 복이다. 이 두 가지를 아는 것이 다스리는 비결이다. 이런 법도를 알고 지키는 것이 현덕玄德이다. 현덕은 깊고 원대한 사랑이다. 만물과 더불어 도에 돌아간 후에야 크게 순응하는 정치에 이를 것이다.

권재구의

聽明道之累也 聖人之教人 常欲使之晦其聰明 不至於自累 故曰非以明民 將以愚之 愚字下得過當 秦之愚黔首 此語誤之 故晦翁所以謂之勞攘也 智巧多 則民愈難治 故以智治國者反 爲國之害 蓋上下相尋 皆以知巧 則亂之所由生 故曰以智治國 國之賊 不以智治國國之福 兩者智與不智也 能知智之爲賊 不智之爲福 則亦可以爲天下法矣 能知此法 則可謂之玄妙之德 深矣遠矣者 嘆美之辭也 反者復也 與萬物皆反復而求其初 則皆歸於大順之中矣 大順 卽自然也

총명[분별지]은 도에 방해가 된다. 성인이 사람들을 가르칠 때 항상 분별지를 좀 줄이게 하여 스스로 괴롭히지 않도록 한다. 그래서 백성을 밝게 하지 않고 어리석게 한다고 했다. 똑똑한 사기꾼이 아니라 어리석지만 정직한 사람을 만드는 것이다. 우愚자를 지나치게 강조하여 진시황이 백성을 어리석게 만든다고 분서갱유焚書坑儒한 것도 이 말을 오해하여 저지른 것이다. 그래서 주자가 노자를 공부하면 혼란만 생긴다고 노자를 배척한 까닭이다. 잔꾀[智巧]가 많아지면 백성 다스리기가 더욱 어려워진다. 그래서 잔꾀로 나라를 다스리면 도리어 나라를 해치는 꼴이 된다. 윗사람과 아랫사람이 서로 찾고, 감투를 쓰려고 잔꾀를 부리면 난리가 일어나고 만다. 그래서 잔꾀로 나라를 다스리면 나라의 역적이고, 잔꾀로 나라를 다스리지 않으면 나라의 복이라고 하였다. 둘이란 분별지[智]와 통일지[不智]인데, 분별지는 나라의 도적이고, 통일지는 나라의 복이다. 이것이 가히 정치하는 비법이다. 능히 이 법을 알 수 있으면 깊고 신비한 덕이라고 이를 만하다. 깊고 원대하다고 한 것은 칭찬하는 말이다. 반反이란 회복한다는 뜻이다. 만물과 더불어 그 처음으로 돌아가 본성을 회복하면 자연스레 살기 좋은 세상, 이상사회로 돌아간다. 대순大順이 곧 자연이다.

第六十六章　江海爲百谷王

江海所以能爲百谷王者　以其善下之　故能爲百谷王　是以聖人欲上民
강 해 소 이 능 위 백 곡 왕 자　이 기 선 하 지　고 능 위 백 곡 왕　시 이 성 인 욕 상 민

必以言下之　欲先民　必以身後之　是以聖人處上而民不重　處前而民不
필 이 언 하 지　욕 선 민　필 이 신 후 지　시 이 성 인 처 상 이 민 부 중　처 전 이 민 불

害　是以天下樂推而不厭　以其不爭　故天下莫能與之爭
해　시 이 천 하 낙 추 이 불 염　이 기 부 쟁　고 천 하 막 능 여 지 쟁

강과 바다가 모든 골짜기의 왕이 될 수 있는 것은 잘 낮추기 때문이다. 그래서 백곡百谷의 왕이 될 수 있다. 그러므로 성인聖人도 백성들의 위에 오르고자 하면 반드시 말을 낮추고, 백성들을 앞서고자 하면 자신은 물러선다. 그러므로 성인聖人이 백성 위에 있어도 백성들이 무겁게 여기지 않고, 앞에 있어도 백성들이 해치지 않는다. 그러므로 천하가 즐겁게 추대하고 싫어하지 않는다. 다투지 않기 때문에 천하도 그와 더불어 다투지 않는다.

권재구의

百谷之水 皆歸之江海 江海爲百谷之尊 而乃居百谷之下 此借物以喩 自卑者人高之 自後者人先之之意 以言下之如曰 愚夫愚婦一能勝予是也 以身後之稽乎衆 舍己從人是也 聖人非欲上民 欲先民而後爲此也 其意蓋謂 雖聖人欲處民上民先 猶且如此 况他人乎 語意抑揚稍過當耳 聖人雖處天下之上 而民不以爲壓已 雖居天下之前而民不以爲害已 擧天下皆樂推之而不厭者 以聖人有不爭之道 故天下莫能與之爭也 不重不壓也 一章三是以 亦猶繫辭一章數是故也

모든 골짜기의 물은 강과 바다로 다 돌아간다. 강과 바다를 모든 골짜기가 우러러보는 것은 모든 골짜기의 아래에 있기 때문이다. 이것은 물건을 빌려 비유한 것인데, 스스로 낮추는 사람을 사람들은 높여 주고, 스스로 물러나는 사람을 앞세워 준다는 뜻이다. 자기를 낮추는 말의 예로는 서경書經에 어리석은 부부라도 한 가지는 나보다 낫다고 한 것이나[순임금], 자신을 뒤로하고 백성을 앞세우는 것[우임금], 자기를 버리고 백성들을 좇아가는 것 등이 이것이다. 성인이 왕이 되고 싶어 그리 말하는 것이 아니라 진짜 그렇게 생각한다. 그 뜻은 성인이 왕이 되고 싶어 해도 그렇게 생각할 것인데, 하물며 다른 사람이야 말해 무엇 하겠는가. 말의 뜻이나 말투가 좀 지나친 것뿐이다. 성인聖人이 비록 천하의 왕이 되어도 백성들은 억압당한다고 생각하지 않고, 천하에 앞장서도 백성들은 해치지 않고, 천하 사람들이 기꺼이 왕으로 추대하고 싫어하지 않는 것은 성인에게는 다투지 않는 마음이 있기 때문이다. 그래서 천하가 그와 더불어 다투지 않는다. 무겁게 여기지 않는다는 것은 억압하지 않는 것이다. 한 장에 시이是以가 세 번 나오는데, 이 또한 주역 계사전繫辭傳 첫 장의 구조와 같다.

第六十七章 天下皆謂

天下皆謂我大 似不肖 夫惟大 故似不肖 若肖久矣其細 我有三寶 持
천하개위아대 사불초 부유대 고사불초 약초구의기세 아유삼보 지

而寶之 一曰慈 二曰儉 三曰不敢爲天下先 慈故能勇 儉故能廣 不敢
이보지 일왈자 이왈검 삼왈불감위천하선 자고능용 검고능광 불감

爲天下先故能成器長 今捨慈且勇 捨儉且廣 捨後且先 死矣 夫慈以
위천하선고능성기장 금사자차용 사검차광 사후차선 사의 부자이

戰則勝以守則固 天將救之 以慈衛之
전즉승이수즉고 천장구지 이자위지

천하가 다 말하기를 나는 너무 커서 닮은 것이 없는 것 같다고 한다. 너무 크니까 닮은 것이 없는 것 같다. 만약 닮았다면 크다고 할 수 없다. 나에게 세 가지 보물이 있어, 간직하고 보배로 삼는다. 하나는 자애로움이고, 둘은 검소함이요, 셋은 천하 앞에 감히 나서지 않는 것이다. 사랑하면 용감할 수 있고, 검소하면 넓게 쓸 수 있고, 천하에 앞서지 않기 때문에 어른 구실을 할 수 있다. 요즘은 사랑을 버리고 용감하려 하고, 아끼지는 않고 널리 쓰려고만 하고, 뒤에 서는 것은 버리고 앞에 서려고만 하면 죽음밖에 없다. 사랑으로 싸우면 이기고, 지키면 확고해진다. 하늘도 장차 [이 사람을] 구해 주고 사랑으로 지켜 줄 것이다.

권재구의

大似不肖 當時有此語也 故老子擧以爲喩 亦前章不穀孤寡之意 天下皆謂者 言天下皆有此常語也 夫惟大 故似不肖 至大者 必以至小之心處之 肖象也 慊然似無所肖象 自小之意也 若自以爲有所肖象 則爲細人矣 非大人之量也 此二句 乃老子以當時俗語如此發明也 一本於謂我下添道字 其細下添也夫字皆誤也 三寶 其道可寶而用之也 我有者 人人有貴於己也 惟慈故能勇 惟儉故能廣 惟能不敢先故爲天下之長 左傳曰 晉公子廣而儉 正用此語 儉 收斂也 廣 開豁也 亦小而後能大之意 器 形也 成器 卽成形也 凡在地之成形者 我皆爲之長 故曰成器長 今人捨慈而用其勇 捨儉而用其廣 捨後而用其先 此非保身之道也 故曰死矣 戰交物而動也 猶莊子曰與接爲搆 日以心鬪也 守 猶莊子曰 純氣之守也 人能以慈爲主 則外可勝物 內可自守 故曰以戰則勝 以守則固 救佑助也 衛 自衛其身也 能以慈衛 天所佑也 此語隱然 有譏責今人不能之意 能者天誘其衷 則不能者天奪之鑑矣 前言三寶 此擧其一能慈 則二者在其中矣

너무 크면 바보 같다. 당시에 이런 말이 있었는데, 노자가 이것을 들어 비유를 한 것이다. 역시 앞 장의 불곡고과不穀孤寡[쭉정이, 고아, 과인]의 뜻이다. 천하개위天下皆謂란 천하 사람들이 일상적으로 하던 말 즉 유행어이다. 너무 크니까 불초不肖한 것 같다고 했다. 정말 큰사람만이 자기가 작고 부족하다고 생각할 수 있다. 초상肖象이란 닮은 것인데, 겸연쩍어 닮은 곳이 없다고 하는 것으로, 스스로 작고 부족하다는 뜻이다. 불초소생이란 아버지를 닮지 못한 못난 자식이란 뜻이다. 만약 스스로 닮은 데가 있다고 하면 소인배가 되는 것이고, 대인大人의 성숙한 마음은 아니다. 이 두 구절은 노자가 당시의 유행어를 이와 같이 뜻을 밝힌 것이다. 어떤 책에는 아我 자 다음에 도道 자를 첨가하고, 세細 자 다음에 부夫 자를 첨가한 것도 있는데 다 잘못된 것이다. 삼보三寶란 도를 실천하는 것이 보배라는 것이다. 내가 가졌다는 말은 사람마다 자기 몸에 귀한 보배를 지녔다는 것이다. 오직 사랑하기 때문에 용감할 수 있고, 오직 검소하기 때문에 널리 쓸 수 있고, 오직 앞서지 않기 때문에 천하의 어른이 되는 것이다. 좌전에 진나라 공자는 광이검廣而儉하다고 한 말이 바로 노자의 이 말을 인용한 것이다. 검儉은 거두어들이는 것이다. 광廣은 열어 펼치는 것이다. 또한 자기를 작다고 생각한 후에 크게 될 수 있다는 뜻이다. 기器는 형形이다. 성기成器란 형태를 이룬다. 이 땅에 모양을 갖춘 모든 것을 내가 다스리는 어른이 된다. 그래서 만물의 어른이라고 했다. 요즘 사람들은 사랑은 버리고 만용을 부리고, 아끼지는 않고 널리 쓰려고만 하고, 뒤로 물러나진 않고 앞서려고만 하는데, 이것은 사람이 살 길이 아니다. 그래서 죽는다고 했다. 이 세상과 싸우려고 하면 마음이 흔들린다. 장자가 말한 세상과 부딪치면 얽혀 날마다 마음에 다툼이 생긴다는 말과 같다. 수守는 장자가 말한 순수한 기운을 지킨다와 같다. 사람들이 능히 사랑으로 주인이 되면 밖으로 모든 만물을 이길 수 있고 안으로 자기를 지킬 수 있다. 그래서 싸우면 이기고 지키면 확고해진다고 한 것이다. 구救는 도와주는 것이다. 위衛는 스스로 자기 몸을 지키는 것이다. 사랑으로 자기를 지킬 수 있으면 하늘도 돕는다. 이 말은 은연중에 요즘 사람들이 사랑이 부족함을 질책하는 뜻이다. 사랑할 줄 아는 사람을 하늘이 그 사람 속을 발전시켜 주고, 사랑할 줄 모르는 사람은 하늘이 보살피지 않는다. 앞의 세 가지 보물 중에서, 여기서는 사랑 하나만 들었지만 나머지 두 개도 사랑 가운데 있다.

第六十八章 善爲士

善爲士者不武　善戰者不怒　善勝者不與　善用人者爲之下　是謂不爭
선위사자불무　선전자불노　선승자불여　선용인자위지하　시위부쟁

之德　是謂用人之力　是謂配天　古之極
지덕　시위용인지력　시위배천　고지극

훌륭한 무사는 힘자랑하지 않고, 잘 싸우는 사람은 화를 내지 않고, 적을 잘 이기는 사람은 함부로 싸우지 않고, 사람을 잘 쓰는 사람은 자기를 낮춘다. 이것을 다투지 않는 덕이라고 하고, 남의 힘을 잘 쓴다고 하는 것이다. 이를 일러 하늘과 짝한다 하니 오래된 법칙이다.

권재구의

士 士師之官也 武 猶曰健吏也 作士明刑 豈以健吏 戰 而怒忿兵也 不與 不與物爲對也 用人爲之下 卽前章以下取國之意 四者之善 皆不爭之喩也 不爭之德 可以配天 可以屈羣力 用天下 自古以來 無加於此 故曰古之極

사士는 재판관이다. 무武란 힘이 센 관리이다. 재판관은 판단만 잘하면 되지, 어찌 힘쓸 필요가 있겠는가. 싸우는데 화를 내는 것은 감정에 사로잡혀 전쟁을 일으키는 것이다. 불여不與는 물건을 상대하지 않는 것이다. 용인위지하用人爲之下는 앞의 장에서 자신을 낮추어 나라를 취한다는 뜻이다. 이 네 가지의 선善은 다 싸우지 않음, 사랑을 비유한 것이다. 다투지 않는 덕은 하늘과 짝할 만하고, 세상의 모든 세력을 굴복시켜 천하를 쓸 수 있다. 옛날부터 이에 더 보탤 것이 없다. 그래서 가장 오래된 준칙이라고 하였다.

第六十九章 用兵有言

用兵有言　吾不敢爲主而爲客　不敢進寸而退尺　是謂行無行　攘無臂
용병유언　오불감위주이위객　불감진촌이퇴척　시위행무행　양무비

仍無敵　執無兵　禍莫大於輕敵　輕敵幾喪吾寶　故抗兵相加　哀者勝矣
잉무적　집무병　화막대어경적　경적기상오보　고항병상가　애자승의

군대를 쓰는 데는 이런 말이 있다. 나는 감히 주인이 되지 않고 손님이 되며, 감히 한 치를 나가려 말고 한 자를 물러나라 하니, 이를 일러 행하지 않음을 행하고, 팔 없는 소매를 걷어붙이며, 없는 적을 공격하고, 없는 무기를 잡으라는 것이다. 적을 가볍게 여기는 것보다 더 큰 화禍는 없다. 적을 얕보다가는 나의 보배를 거의 잃고 만다. 그래서 군대가 서로 싸울 때는 전쟁을 슬퍼하는 쪽이 이긴다.

권재구의

用兵有言者 亦擧當時之語 以爲喩也 用兵者 不敢爲主而爲客 重於進而易於退 以不行爲行 以不 戄爲攘 以無求敵而引敵 以無執而爲執 此皆兵家示怯示弱 以誤敵之計 仍引也 引敵致師也 如此用兵方有能勝之道 若輕敵而自矜自眩 則必至於喪敗 不爭而勝寶也 輕敵以求勝 則喪其寶矣 故兩敵之國 抗兵以相加 能自哀者常勝 哀者戚然 不以用兵爲喜也 擊鼓 其鏜 踴躍用兵 則非哀者矣 此章全是借戰事以喩道推此則書中借喩處 其例甚明

병법에 이런 말이 있다고 한 것도 당시에 유행하던 말을 비유로 든 것이다. 용병用兵은 적극적으로 하지 말고 소극적으로 하라. 진격은 신중하게 후퇴는 쉽게 하여, 나가지 않는 것을 나가는 것으로 삼고, 놀라지 말고 적을 물리치고, 적을 찾아가 싸우지 말고 적을 유인하며, 무기를 잡지 않은 것처럼 무기를 잡아라. 이것이 다 병법인데, 겁먹은 것처럼 보이고 약한 것처럼 보여서, 적이 오판하도록 하는 것이다. 잉仍은 끌어들이는 것이다. 적을 끌어들여 격멸시키는 것이다. 이와 같이 용병을 하면 언제나 이길 수 있다. 만일 적을 얕잡아 보고 잘난 척하여 현혹되면 반드시 적에게 지고 만다. 싸우지 않고 이기는 것이 보물이다. 적을 얕잡아 보고도 이기려고 하면 그 보물을 잃는다. 그래서 적국과 군대로 대항하여 싸울 때는 전쟁을 슬퍼하는 쪽이 항상 이긴다. 애哀는 슬퍼하는 것이다. 군대를 동원해 싸우는 것을 기뻐하지 않는 것이다. 종과 북을 치면서 힘차게 용병하는 것은 전쟁을 슬퍼하는 것이 아니다. 이 장도 전쟁 이야기를 빌려 도를 비유한 것이다. 이런 것을 짐작해 보면 글 가운데 무엇을 비유한 것인지 잘 알 수 있다.

第七十章 吾言甚易知

吾言甚易知 甚易行 天下莫能知 莫能行 言有宗 事有君 夫惟無知
오언심이지 심이행 천하막능지 막능행 언유종 사유군 부유무지

是以不我知 知我者希 則我貴矣 是以聖人被褐懷玉
시이불아지 지아자희 즉아귀의 시이성인피갈회옥

내 말은 심히 알기 쉽고 심히 행하기 쉽지만, 천하 사람은 잘 알지 못하고 실천하지 못한다. 말에도 종宗이 있고, 일에도 군君이 있다. 종宗과 군君을 알지 못하기 때문에 나를 알지 못한다. 나를 아는 사람이 드물어서 내가 귀하다. 그래서 성인은 거친 베옷을 입고 보옥을 품고 있다.

권재구의

吾言甚易知 甚易行 而天下之人 莫有知者 莫有行者 此嘆時之不知己也 宗 主也 君亦主也 衆言之中有至言 故曰言有宗 擧世之事 道爲之主 故曰事有君 世無知至言至道之人 所以莫有知我者 故曰夫惟無知 始不我知 旣言天下不我知矣 又曰知我者希 則我貴矣 此卽前章不笑不足以爲道之意 聖人之道 足於己而不形於外 猶被褐而懷玉 故人不得見之也

내 말은 심히 알기 쉽고 심히 행하기도 쉬운데, 천하 사람들은 알지도 못하고 행하지도 못한다는 것은 당시에 자기를 몰라주는 것을 한탄한 것이다. 종宗도 주인이고, 군君도 주인이다. 여러 말속에 지극한 말이 있다. 그래서 말에도 주인[원리]이 있다고 한 것이다. 세상일에는 그 일을 주관하는 존재가 있다. 그래서 일에도 주인이 있다고 하였다. 세상에는 지극한 말과 지극한 도를 아는 사람이 없기 때문에 나를 아는 사람이 없다. 그래서 오직 말과 일에 주인을 모르기 때문에 나를 알지 못한다고 하였다. 천하가 나를 알지 못한다고 말해 놓고 또 나를 아는 사람이 드물어 내가 귀하다고 하였다. 이것도 앞 장에서 사람들이 웃지 않으면 도라고 할 수 없다는 뜻이다. 성인의 도는 자기만으로 충분하지 밖으로 드러내지 않는다. 거친 베옷을 입고 옥을 품는다는 말이다. 그래서 세상 사람이 볼 수 없는 것이다.

第七十一章 知不知

知不知上 不知知病 夫唯病病 是以不病 聖人不病 以其病病 是以不病
지부지상 부지지병 부유병병 시이불병 성인불병 이기병병 시이불병

알고도 알 것이 없어야 진짜 아는 것이요. 모르면서 아는 척하는 것이 병病이다. 오직 병病을 병病으로 여겨야 병病이 없는 것이다. 성인聖人에게 병病이 없는 것은 병病을 병病으로 여기기 때문에 병病이 없다.

권재구의

於其至知 而若不知 此道之上也 於不可知之中 而自以爲知 此學道之病也 人能病其知之爲病 則無此病矣 聖人之所以不病者 盖知此知之爲病而病之 所以不病 此一章文最奇 或以上爲尚 又於首句添兩矣字 誤矣

최고의 앎은 아는 척하지 않는 것인데 이것이 도의 으뜸이다. 알지 못하면서 자기가 안다고 하는 것이 학문의 병통이다. 사람이 안다고 하는 것이 병病이구나 하고 병病을 삼을 수 있어야 이런 병에 안 걸린다. 성인이 병이 없는 까닭은 아는 척하는 것이 병病이라는 것을 잘 알고, 병病으로 삼기 때문에 병病이 없는 것이다. 이 한 장의 문장은 매우 독특하다. 어떤 책에는 상上을 상尙으로, 또 첫 구절에 의矣자 두 개를 덧붙인 것도 있는데 잘못된 것이다.

第七十二章 民不畏威

民不畏威 大威 至矣 無狹其所居 無厭其所生 夫惟不厭 是以不厭
민불외위 대위 지의 무협기소거 무염기소생 부유불염 시이불염

是以聖人自知不自見 自愛不自貴 故去彼取此
시이성인자지불자견 자애부자귀 고거피취차

백성들이 권위를 두려워하지 않으면 큰 권위가 이른다. 그 거처하는 곳을 좁다고 여기지 않는 것은 그 삶을 싫증내지 않는 것이다. 오직 억누르지 않아야 싫증내지 않는다. 그래서 성인은 스스로 알지만 자기를 드러내지 않으며, 스스로 아끼면서도 스스로 귀하게 여기지 않는다. 그래서 저것을 버리고 이것을 취한다.

권재구의

不畏刑者常遭刑 章首之言借喩也 居 廣居也 生 長生久視之理也 人皆自狹其所居 自厭其所生 不安於退而務進 不觀於無而惑於有 是自狹也 自厭也 無者 戒敕之辭 言不可如此也 夫惟不厭者 而能久安 故曰是以不厭 只就下句紬繹 一厭字 不及狹字文法也 聖人雖知道 而若不自見 然能晦也 雖愛其身 而若不自貴 然能謙能賤也 去彼者 去衆人狹厭之心 而自取足於斯道也 故曰取此

형벌을 두려워 안 하는 사람은 항상 큰 형벌을 받는다. 이 장 첫머리에 비유로 말한 것이다. 거居는 넓게 사는 것이다. 생生은 오래도록 사는 것이다. 사람들은 자기가 살고 있는 곳이 좁다고 생각한다. 그 삶도 스스로 싫증낸다. 물러나는 것을 불안해하고 나아가려고만 힘쓴다. 절대를 보지 못하고 상대에 빠져 스스로 좁다고 하고 스스로 싫증내는 것이다. 무無는 훈계하는 말로 이와 같이 하면 안 된다는 말이다. 오직 자기를 초월한 사람만이 영원히 편안할 수 있다. 그래서 불염不厭이라고 하였다. 아래 구절에서는 염厭자 한 글자만 쓰고 협狹자는 쓰지 않았는데 그것이 글 쓰는 법이다. 성인이 비록 도를 알지만, 자기를 드러내지 않고 능히 감출 수 있다. 비록 자기를 아끼지만 귀하게 여기지 않고 능히 겸손할 수 있고 낮출 수 있다. 거피去彼란 사람들의 좁고 싫증내는 마음을 떠나서 이 도를 스스로 기꺼이 실천하는 것이다. 그래서 이것을 취한다고 하였다.

第七十三章 勇於敢

勇於敢則殺 勇於不敢則活 此兩者 或利或害 天之所惡 孰知其故
용 어 감 즉 살 용 어 불 감 즉 활 차 양 자 혹 리 혹 해 천 지 소 오 숙 지 기 고

是以聖人猶難之 天之道不爭而善勝 不言而善應 不召而自來 坦然
시 이 성 인 유 난 지 천 지 도 부 쟁 이 선 승 불 언 이 선 응 불 소 이 자 래 탄 연

而善謀 天網恢恢 踈而不失
이 선 모 천 망 회 회 소 이 불 실

과감함에 용감하면 죽고, 과감하지 않음에 용감하면 산다. 이 두 가지는 혹 이롭기도 혹 해롭기도 하나, 하늘이 미워하는 까닭을 누가 알겠는가. 이것은 성인도 알기 어렵다. 하늘의 도는 싸우지 않고 잘 이기고, 말 없이도 잘 응하고, 부르지 않아도 스스로 오고, 마음 편히 잘 꾀한다. 하늘 그물은 넓고 넓어 성글어도 하나도 잃지 않는다.

권재구의

勇於敢爲者 必至於自戕其身 臨事而懼 是勇於不敢也 活者可以自全也 敢者之害 不敢者之利 二者甚曉然 天道惡盈而好謙 則勇於敢者 非特人惡之 天亦惡之也 而世之人未有知其然者 故曰孰知其故 嘆世人之不知也 聖人猶難之者 言聖人於此亦以此道爲難能也 天惟不爭 而萬物莫得而勝之 天惟不言而自有感應之理 陰陽之往來 不待人召之而自至 坦然 簡易也 乾以易知 坤以簡能 卽坦然善謀之意也 天道恢恢 譬如網然 雖甚踈闊 而無有漏失者 言善惡吉凶 無一毫不定也 聖人之於道 雖以無爲不爭 而是非善否 一毫不可亂 此數句又以天喩道也

과감한데 용감한 사람은 반드시 자기 자신을 죽음에 이르게 한다. 일에 임하여 두려워하는 것이 과감하지 않은데 용감한 것이다. 살린다는 것은 스스로 온전해지는 것이다. 과감한 사람은 해를 입고, 과감하지 않은 사람은 이익을 받는다. 이 두 가지는 매우 분명하다. 하늘의 도는 교만한 사람은 미워하고 겸손한 사람을 좋아한다. 과감한데 용감한 사람은 사람들이 미워할 뿐만 아니라 하늘도 역시 미워한다. 세상 사람들은 그런 줄을 모른다. 그래서 누가 그 까닭을 알겠는가라고 하였다. 세상 사람들이 그것을 알지 못함을 탄식한 것이다. 성인聖人도 오히려 어렵다고 한 것은 성인도 이 도를 실천하기 어렵다는 말이다. 오직 하늘만이 다투지 않아 모든 만물이 하늘에 지

기 마련이다. 오직 하늘만이 말이 없어도 만물이 저절로 감응한다. 해와 달이 오고 가는 것은 사람들의 초대를 기다리지 않고 스스로 오고 간다. 탄연坦然은 간단하고 쉽다는 말이다. 하늘은 쉬움을 주장하고, 땅은 간단함으로서 능하다는 것이 곧 탄연선모坦然善謀의 뜻이다. 하늘의 도가 넓고 넓다는 것은 마치 그물이 심히 성글어도 빠져나가고 잃는 것이 없다는 것을 비유한 것이다. 선악길흉이 한 터럭도 틀림이 없다는 말이다. 성인도 무위無爲의 도를 실천하지만, 옳고 그르고, 좋고 좋지 않은 것에는 하나도 틀림이 없다. 이 구절들도 하늘을 가지고 도를 비유한 것이다.

第七十四章 民不畏死

民不畏死 奈何以死懼之 若使民常畏死 而爲奇者 吾得執而殺之 孰
민불외사 내하이사구지 약사민상외사 이위기자 오득집이살지 숙
敢 常有司殺者殺 夫代司殺者殺 是謂代大匠斲 夫代大匠斲者 希有
감 상유사살자살 부대사살자살 시위대대장착 부대대장착자 희유
不傷手矣
불상수의

백성들이 죽음을 두려워하지 않는데, 어찌 죽음으로 두려워하게 만들 수 있겠는가. 만약 백성들로 하여금 죽음을 두려워하게 해 놓고 기이한 짓을 하는 사람이 있다면, 내가 그를 잡아 죽일 것이니, 누가 감히 그렇게 하겠는가. 항상 하늘만이 사람을 죽일 권세가 있는데, 하늘을 대신해서 자기가 죽이겠다고 하면, 이는 큰 목수를 대신해서 자기가 나무를 깎겠다는 것이다. 큰 목수 대신 나무를 깎다 보면 자기 손을 다치기 십상이다.

권재구의

此章言人之分別善惡 自爲好惡 至於泰甚者 皆非知道也 故以世之用刑者喩之 言用刑者 不過以死懼其民 而民何嘗畏死使民果有畏死之心 則爲奇衺者 吾執而刑之 則自此人皆不敢爲矣 故曰吾得執而殺之 孰敢 今奇衺者 未嘗不殺 而民之犯者日衆 則民何嘗畏死哉 司殺者 造物也 天地之間 爲善爲惡 常有造物者 司生殺之權 其可殺者 造物自殺之 故曰常有司殺者殺 爲國而切切於用刑 是代造物者司殺也 以我之拙工 而代大匠斲削 則鮮有不傷其手者 此借喩之中又借喩也 此章亦因當時嗜殺 故有此言 其意亦豈盡廢刑哉 天討有罪 只無容心可矣

이 장은 사람의 선악분별에 대해 말한 것인데, 자신의 좋고 나쁜 감정에 따라 사람을 죽이거나, 매우 심한 지경에 이르면 다 도를 알지 못한 것이다. 그래서 당시 형틀을 사용하는 것을 비유한 것이다. 형틀을 사용하는 것은 죽음을 가지고 백성들을 두렵게 만들려는 것이라고 하였다. 그렇다고 백성들이 어찌 죽음을 두려워하겠는가. 백성들로 하여금 죽음을 두려워하는 마음을 갖게 만드는 이런 사악한 독재자를 내가 잡아 벌을 주면 이로부터 사람들이 감히 나쁜 짓을 못할 것이다. 그래서 내가 나쁜 놈을 잡아 죽인다고 한 것이다. 누가 감히 나쁜 짓을 하겠는가. 지금의 독재자가 미상불 죽여도 백성들은 날로 범죄를 저지르는 것이 백성들이 어찌 죽음을 두려워해서이겠는가. 사람을 죽일 수 있는 자는 조물주뿐이다. 천지간에 선을 행하고 악을 행하는데, 항상 조물주가 생살生殺의 권리를 행사하는 것이다. 죽이는 것도 조물주가 직접 죽이는 것이다. 그래서 하늘만이 사람을 죽일 권세가 있다고 한 것이다. 나라를 다스린다면서 계속해서 사람을 죽이는 것은 조물주 대신 죽이는 것이다. 나 같은 서투른 목수가 큰 목수 대신에 대패질을 하면 손 안 다치는 경우가 드물다. 이것은 비유 속에서 또 비유를 든 것이다. 이 장은 당시에 사람 죽이기를 좋아했던 것으로 인해 이런 말을 하는 것이다. 그 뜻이 어찌 형벌제도를 다 폐지하라는 뜻이겠는가. 나쁜 놈을 치는 것은 하늘의 할 일이니, 사람은 간섭 안 하는 것이 좋다.

第七十五章 民之飢

民之飢　以其上食稅之多　是以飢　民之難治　以其上之有爲　是以難治
민 지 기　이 기 상 식 세 지 다　시 이 기　민 지 난 치　이 기 상 지 유 위　시 이 난 치
民之輕死　以其求生之厚　是以輕死　夫唯無以生爲者　是賢於貴生
민 지 경 사　이 기 구 생 지 후　시 이 경 사　부 유 무 이 생 위 자　시 현 어 귀 생

백성이 굶주리는 것은 그 위에서 세금을 많이 거두기 때문에 굶주린다. 백성을 다스리기 어려운 것은 그 위에서 독재정치를 하므로 다스리기가 어렵다. 백성들이 죽음을 가볍게 여기는 것은 너무 잘살려고 하다 보니 죽음을 가볍게 여긴다. 자기만 살겠다는 생각이 없는 것이 삶을 귀하게 여기는 것보다 현명하다.

권재구의

食稅之多 言取於民者太過也 上之有爲 言爲治者 過用智術也 上貪利則民愈飢 上好智則民愈難治 此兩句亦借喩也 凡人過於自愛 反以喪其身 飮食太多 亦能生病 此其一也 過於自愛自養 欲以謀生 故曰求生之厚 輕用其身以自取死 故曰輕死忘其身而後身存 故曰無以生爲者 賢於貴生 貴生 猶前章曰益生 求生之厚者也 賢猶勝也

세금을 많이 걷는 것은 백성을 지나치게 착취하는 것이다. 상지유위上之有爲란 통치자가 지나치게 꾀를 부린다는 말이다. 위에서 이익을 탐하면 백성은 더욱 굶주리고, 위에서 자꾸 꾀를 쓰면 백성들은 더욱 다스리기 힘들어진다. 이 두 구절도 다 비유이다. 사람이 지나치게 자기를 사랑하면 도리어 자기 몸을 상한다. 음식도 너무 많이 먹으면 역시 병이 나는 것도 마찬가지다. 자기를 사랑하고 자기를 기르는 것이 지나쳐서 잘살려고만 야단친다. 그래서 삶을 두텁게 구한다고 하였다. 자기 몸을 가볍게 쓰다가 스스로 죽고 만다. 그래서 죽음을 가볍게 여긴다고 하였다. 자기 몸을 잊은 후에야 몸이 건강해질 수 있다. 그래서 잘살려고만 하지 않는 것이 삶을 귀하게 여기는 것보다 더 중요하다고 하였다. 귀생貴生은 앞 장의 익생益生이란 말과 같다. 너무 잘살려고만 한다는 말이다. 현賢은 낫다는 말이다.

第七十六章 人之生

人之生也柔弱 其死也堅强 萬物草木之生也柔脆 其死也枯槁 故堅
인지생야유약 기사야견강 만물초목지생야유취 기사야고고 고견
强者死之徒 柔弱者生之徒 是以兵强則不勝 木强則共 强大處下 柔
강자사지도 유약자생지도 시이병강즉불승 목강즉공 강대처하 유
弱處上
약처상

사람은 살아 있으면 연약하고 죽으면 굳어진다. 만물 초목은 살아 있으면 무르고 부드럽고 죽으면 딱딱하고 마른다. 그래서 딱딱하고 강한 것은 죽음의 무리이고 부드럽고 약한 것은 삶의 무리이다. 그러므로 강한 군대만으로 이길 수 없고, 강한 나무는 잘려 쓰이게 된다. 강하고 큰 것은 아래에 있고 부드럽고 약한 것은 위에 있게 된다.[독재정치는 결국 망하고, 민주정치는 흥한다.]

권재구의

柔弱 堅强 皆借喩也 老子之學 主於尙柔 故以人與草木之生死爲喩 徒 類也 是以而下 又以兵與木而喩之 兵之恃强者必不勝 木之初生者皆柔 久而堅强 至於拱把 則將枯矣 故知道者 以柔弱爲上 堅强爲下 共猶宰上木拱之拱也

유약柔弱 견강堅强은 다 비유이다. 노자의 학은 부드러움을 주로 숭상한다. 그래서 사람과 초목의 생사生死를 가지고 비유한 것이다. 도徒는 같은 종류이다. 시이是以 아래 글은 군대와 나무를 가지고 비유를 하였다. 군대가 힘을 자랑하면 반드시 망한다. 나무가 처음 자랄 때는 다 부드럽지만 오래되면 굳어 딱딱해지고, 아름드리나무가 되면 그만 말라 죽는다. 그래서 도를 아는 사람은 부드러운 것으로 위를 삼고 굳고 딱딱한 것으로 아래를 삼는다. 공共이란 아름드리나무는 대들보로 공납된다는 공拱이다.

第七十七章 天之道

天之道　其猶張弓乎　高者抑之　下者擧之　有餘者損之　不足者補之
천 지 도　기 유 장 궁 호　고 자 억 지　하 자 거 지　유 여 자 손 지　부 족 자 보 지

天之道　損有餘　而補不足　人之道則不然　損不足以奉有餘　孰能有餘
천 지 도　손 유 여　이 보 부 족　인 지 도 즉 불 연　손 부 족 이 봉 유 여　숙 능 유 여

以奉天下　唯有道者　是以聖人爲而不恃　功成而不處　其不欲見賢
이 봉 천 하　유 유 도 자　시 이 성 인 위 이 불 시　공 성 이 불 처　기 불 욕 견 현

하늘의 도는 활을 당기는 것과 같구나. 높은 것은 누르고 낮은 것은 들어 올리고, 남으면 덜고 부족하면 보태 준다. 하늘의 도는 남은 것을 덜어 부족한 데 보태 주나, 사람의 도는 그렇지 않다. 부족한 것을 덜어 넉넉한 곳에 바친다. 누가 능히 넉넉함으로 천하를 받들 수 있겠는가. 오직 도가 있는 사람만이 그렇게 할 수 있다. 그래서 성인聖人은 자기가 해도 자랑하지 않고 공功을 이루어도 공을 취하지 않으며 그 현명함도 보이려고 하지 않는다.

권재구의

天之道惡盈而好謙　猶弓之張者　不久則必弛也　高者必至於自抑　有餘者必至於自損　而自下者必擧　自屈者必伸　自損者必益　是天之於物　每每然也　而人之爲道　何爲而不然　乃欲損人而益己　欲以天下之不足　而爲一已之有餘　失天意矣　唯有道之人　乃能損我之有餘　以奉天下　故曰孰能有餘以奉天下　惟有道者　易言損益　亦是此意　此亦借以喻道也　聖人所以雖有爲於天下　而不以自恃　雖功成而不居其功　雖有至賢之行　而不欲以此自見　此爲道日損　必至於損之而又損也

하늘의 도는 가득 찬 것을 싫어하고 겸손한 것을 좋아한다. 활시위를 매는 것과 같다. 오래 두지 말고 반드시 풀어 놓아야 한다. 높은 것은 반드시 스스로 내리눌러야 하고, 남은 것은 반드시 덜어 내야 하고, 내려간 것은 들어 올려 주고, 굽힌 것은 반드시 펴 주고, 스스로 덜어 낸 것은 보태어 준다. 하늘의 이치는 다 그런 것이다. 사람의 하는 짓은 왜 하늘과 같지 않은가. 남을 손해 보게 해서라도 자기는 이익 보려 하고, 천하가 굶어 죽어도 자기만 배부르고자 한다. 하늘의 뜻에 어긋나는 것이다. 오직 도를 가진 사람만이 나의 남은 것을 덜어 내어 천하를 섬길 수 있다. 그래서 누가 넉넉함으로 천하를 받들 수 있느냐 묻고, 오직 도를 가진 사람일 뿐이라고 말한 것이다. 주역에서 말하는 손괘損卦 익괘益卦도 이런 뜻이다. 이것도 역시 비유를 들어

도를 설명한 것이다. 성인이 비록 천하를 위해 큰일을 했어도 자기 자랑을 하지 않고, 공을 이루어도 공을 취하지 않아, 비록 지극히 현명한 일을 행해도 자기를 드러내려고 하지 않는다. 이것이 도는 자꾸 덜어 낸다는 것이다. 덜어 내고 또 덜어 내서 다 없어질 때까지 덜어 준다.

第七十八章 天下柔弱

天下柔弱莫過於水 而攻堅强者 莫之能勝 其無以易之 弱之勝强 柔
천하유약막과어수 이공견강자 막지능승 기무이역지 약지승강 유

之勝剛 天下莫不知 莫能行 故聖人云 受國之垢 是謂社稷主 受國
지승강 천하막부지 막능행 고성인운 수국지구 시위사직주 수국

之不祥 是謂天下王 正言若反
지불상 시위천하왕 정언약반

천하에 물보다 더 부드러운 것은 없으나, 견고하고 강한 것을 공격하기에는 물보다 더 나은 것은 없다. 그것은 아무것도 물의 본성을 바꿀 수 없기 때문이다. 약한 것이 강한 것을 이기고, 부드러운 것이 억센 것을 이긴다. 천하가 그것을 모르지 않지만 실천하지 못한다. 그래서 성인聖人이 말하기를 나라의 더러움을 받아들이는 자를 사직의 주인이라 이르고, 나라의 재앙을 감당하는 사람을 천하의 왕이라고 한다. 바른 말은 얼핏 들으면 반대로 들린다.

권재구의

水爲至弱 而能攻堅强 世未有能勝之者 千金之堤 敗於蟻穴之漏 是弱之勝强者 無以易於水也 故曰其無以易之 弱能勝强柔能勝剛 如水之易見 人莫不知之 而至道在於能柔能弱者 莫之能行也 故古之聖人 常有言曰 能受一國之垢者 方可爲社稷主 能受一國之不祥者方可爲天下王 此卽知其榮 守其辱之意 不祥者 不美之名也 蓋位至高者 不可與天下求勝 須能忍辱則可以居人之上 垢與不祥 不可受之受也似反一世之常言 其實正論 故曰正言若反 聖人云 三字自佳一本以云爲言誤也

물은 지극히 약하지만 아무리 강한 것도 물로 공격할 수 있다. 세상에 물을 이길 수 있는 것은 없다. 아주 단단한 제방도 개미구멍으로 물이 새면 무너진다. 약한 것이 강한 것을 이기는 것이다. 어떤 것도 물을 바꿀 만한 것은 없다. 그래서 물을 바꿀 만한 것은 없다고 했다. 약弱이 능히 강强을 이기고, 유柔가 능히 강剛을 이기는 이런 물을 어디서나 쉽게 본다. 그것을 모르는 사람도 없지만, 능히 부드러울 수 있고 능히 약할 수 있는 지극한 도를 실천하는 사람은 없다. 그래서 옛 성인이 언제나 하는 말이 나라의 더러움을 감당하는 사람만이 사직의 주인이라 할 수 있고, 나라의 재앙을 책임질 수 있는 사람이 천하의 왕이 될 수 있다. 이것이 곧 영화를 누리려면 나라의 치욕을 책임져야 한다는 뜻이다. 불상不祥이란 아름답지 못한 것이다. 제일 높은 자리에 있는 사람은 천하와 더불어 싸워 이기려 하지 말고 반드시 참기 어려운 것을 참아야 지도자가 될 수 있다. 구垢와 불상不祥[나라의 치욕과 재앙]은 도저히 감당하기 어려운 것이다. 이 세상의 보통 말과는 반대되는 것 같아도 실제로 바른 말이다. 그래서 바른 말은 반대로 들린다고 했다. 성인운聖人云, 이 세 글자는 잘된 것인데, 어떤 판본에는 운云을 언言으로 적어 놓은 것도 있는데, 잘못된 것이다.

第七十九章 和大怨

和大怨 必有餘怨 安可以爲善 是以聖人執左契而不責於人 有德司契
화 대 원 필 유 여 원 안 가 이 위 선 시 이 성 인 집 좌 계 이 불 책 어 인 유 덕 사 계

無德司徹 天道無親 常與善人
무 덕 사 철 천 도 무 친 상 여 선 인

큰 원한을 풀어도 반드시 남은 원한이 있게 되니, 어찌 가히 잘했다고 하겠는가. 그러므로 성인聖人은 좌계左契를 갖고, 남에게 책임 지우지 않는다. 권리가 있어도 권리를 포기하는 사람이 덕德 있는 사람이고, 권리를 가지고 빚을 독촉하는 사람이 덕 없는 사람이다. 천도는 특별히 친한 것이 없고, 언제나 선인善人과 같이한다.

권재구의

恩怨兩忘 方知至道 人有大怨於我 而必欲與之和 雖無執怨之心 猶知怨之爲怨 則此心亦未化矣 雖曰能與之和 此心未化 則餘怨尚在 安得謂之善道 此誠理到之言 亦借喩也 左契者 如今人合同文字也 一人得左 一人得右 故曰左契 此契在我 則其物必可索 聖人雖執此契 而不以索於人 忘而化也 此亦借喩之語 有德者 則司主此契 而無求索之心 無德者 則以明白爲主 徹 明也 猶今人言必與之討分曉也 有德司契者 善人也 天雖無私親 而此等有德之人 天必佑之 故曰 常與善人

은혜와 원한을 둘 다 잊어야 지극한 도를 안다. 남이 나에게 큰 원한이 있으면 반드시 그 사람과 화해하려 해야 한다. 비록 원망하는 마음은 없어도 원한을 품었다는 기억이 있으면 다 푼 것은 아니다. 비록 그 사람과 화해를 했다고 해도, 이런 마음은 다 푼 것은 아니고 서운한 마음이 아직 남아 있는 것이다. 이것을 어찌 잘한 일이라고 하겠는가. 이는 참으로 도리에 맞는 말이며, 또한 비유를 든 것이다. 좌계左契는 요즘 계약서를 쓰는 것과 같다. 한 사람은 권리를 가지고 또 한 사람은 채무를 가진다. 그래서 좌계左契라고 하였다. 좌계가 나에게 있으면 그 물건을 반드시 찾을 수 있다. 성인聖人은 비록 좌계를 가졌다 해도 채무자에게 독촉을 하지 않는다. 완전히 잊어버리고 만다. 이 또한 비유의 말이다. 덕이 있는 사람은 권리를 갖고 있지만 권리를 행사할 마음이 없는 것이다. 덕이 없는 사람은 권리 행사를 명백히 주장하는 것이다. 철徹은 밝힌다는 말이다. 요즘 사람들은 계산에 밝다는 말과 같다. 유덕사계有德司契는 착한 사람이다. 하늘은 비록 사사롭게 친한 것은 없지만, 이런 덕이 있는 사람을 하늘이 반드시 도와준다. 그래서 언제나 선인善人과 같이한다고 하였다.

第八十章 小國寡民

小國寡民 使有什伯 人之器而不用 使民重死而不遠徙 雖有舟輿 無
소국과민 사유십백 인지기이불용 사민중사이불원사 수유주여 무

所乘之 雖有甲兵 無所陳之 使民復結繩而用之 甘其食 美其服 安
소승지 수유갑병 무소진지 사민부결승이용지 감기식 미기복 안

其居 樂其俗 隣國相望 鷄狗之聲相聞 民至老死 不相往來
기거 락기속 인국상망 계구지성상문 민지노사 불상왕래

작은 나라에 백성도 적으며, 일당백의 잘난 사람이 있어도 쓰지 않으며, 백성들로 하여금 죽음을 중히 여겨, 멀리 옮겨 다니지 않게 한다. 비록 배와 수레가 있어도 타는 사람이 없다. 비록 군대와 무기가 있어도 내다 놓지 않는다. 백성들로 하여금 다시 새끼[결승문자]를 엮어 쓰게 하고[계약서 없는 신용사회를 말한다], 그 음식을 달게 여기고, 그 옷을 아름답게 여기며, 그 사는 곳을 편안히 여기고, 그 풍속을 즐거워하니, 이웃 나라를 서로 바라보고 닭과 개 짖는 소리가 들려도 백성들은 늙어 죽을 때까지 서로 왕래가 없다.

권재구의

小國寡民 猶孟子言得百里之地 皆可以朝諸侯 一天下之意 老子蓋曰 有道之人 若得至小之國 不多之民井而居之 使有什伯如今人之保伍也 人人皆有可用之器 而不求自用 是人皆有士君子之行 而安於自退也 重死而不遠徙 小人皆畏罪不爲惡 而各安居也 雖有舟輿無所乘之 不致遠以求利也 雖有甲兵而不陳列 不恃力以求勝也 舍書契而用結繩 復於素朴也 甘食美衣 安居而樂俗 隣國雖近 鷄狗之聲雖相聞 而老死不相往來 各自足而不相求也 此老子因戰國紛爭而思上古淳朴之俗 欲復見之也 觀其所言 亦有自用之意

소국과민小國寡民은 맹자가 말하는 백 리의 땅과 같다. 모든 제후들이 조회 오고 천하를 통일했다는 뜻이다. 노자가 말하기를 도가 있는 사람은 땅이 작은 나라에 백성은 적지만 정전법으로 잘살게 한다. 유십백有什伯이란 그 당시의 마을 단위 같은 것이다. 사람마다 다 쓸 만한 재주가 있어도 그것을 써 달라고 하지 않는다. 사람들이 다 선비와 군자같이 행동한다.[성숙한 시민정신] 스스로 물러나 편안하게 지낸다. 죽음을 중히 여겨 멀리 옮겨 다니지 않는다는 것은 백성들이 다 죄를 무서워하고 악을 저지르지 않고, 각자 편안히 산다는 말이다. 비록 배와 수레가 있어도 타는 사람이 없다는 것은 멀리까지 가서 돈 벌겠다는 생각이 없는 것이다. 군대와 무기가 있어도 진열하지 않는 것은 힘을 믿고 힘으로 이기려 하지 않는 것이다. 계약서는 집

어치우고 새끼줄을 묶어 사용한다는 것은 서로 믿고 소박하게 산다는 것이다. 꿀맛 같은 밥과 편한 옷을 입고, 자기 집에서 자기의 풍속을 즐기니, 이웃 나라가 가까이 있고, 닭과 개 짖는 소리가 서로 들려도 늙어 죽을 때까지 서로 왕래가 없다는 것은 각각 다 만족해서 서로 구할 것이 없다는 말이다. 노자가 전국戰國 분쟁시대에 태어나서, 옛날의 순박한 시대를 생각하고 그런 시대를 다시 보고 싶어 이런 말을 한 것이다. 그 말한 바를 보면 또한 스스로 옳다는 뜻이다.

第八十一章 信言不美

信言不美 美言不信 善者不辯 辯者不善 知者不博 博者不知 聖人
신 언 불 미 미 언 불 신 선 자 불 변 변 자 불 선 지 자 부 박 박 자 부 지 성 인

不積 旣以爲人己愈有 旣以與人己愈多 天之道 利而不害 聖人之道
부 적 기 이 위 인 기 유 유 기 이 여 인 기 유 다 천 지 도 이 이 불 해 성 인 지 도

爲而不爭
위 이 부 쟁

믿음직한 말은 아름답지 않고, 듣기 좋은 말은 믿을 수 없다. 착한 사람은 말을 잘 못하고, 말 잘하는 사람은 착하지 않으며, 지혜로운 사람은 박식하지 않고, 많이 아는 사람은 지혜롭지 못하다. 성인聖人은 쌓아 두지 않고, 있는 것으로 남을 위함으로써 자기는 더 가지게 된다. 남에게 나눌수록 자신은 더 많아진다. 하늘의 도는 이로워 해롭지 않다. 성인의 도는 남을 도와주려고만 하지 다투지 않는다.

권재구의

眞實之言 則無華采 有華采者 非眞實之言也 莊子曰 言隱於榮華 卽此意也 善純也 純德之人 則無所容言 又何辯乎 好辯則非純德者矣 知道之知 不以博物爲能 以博物爲誇 非知道者也 聖人之道 虛一而已 何所積乎 未嘗不爲人也 而在己者愈有 未嘗不與人也 而在己者愈多 其猶天道然 虛而不屈 動而愈出 爲人與人 言以道化物也 天之道雖有美利 而不言所利則但見有利而無害 纔有利之之名 則害亦見矣 聖人之道 無爲而無不爲 而未嘗自恃其有 故不與物爭 而天下莫能與爭 一書之意 大抵以不爭爲主 故亦以此語結之

진실된 말은 아름답게 꾸미지 않는다. 감언이설은 진실한 말이 아니다. 장자가 말한 진실한 말은 영화로운 것과는 상관없다. 다 같은 뜻이다. 선善은 순수하다는 뜻이다. 순수한 덕을 지닌 사람은 말이 필요 없는데 또 무슨 변명을 하겠는가. 변명을 잘하면 순수하지 못한 것이다. 도를 아는 지혜는 많이 안다고 되는 것이 아니다. 많이 안다고 자랑하는 사람은 도를 알지 못한다. 성인의 도는 텅 비어 한결같을 뿐이다. 무엇을 쌓아 두겠는가. 남을 위할 뿐인데 자기에게 더 있게 된다. 남에게 자꾸 주는데 더 많아진다. 하늘의 도가 그렇다. 비어 있는데 그치지 않는다. 움직일수록 자꾸 나온다. 남을 위하고 남에게 준다는 것은 도를 가지고 모든 만물을 변화시키는 것을 말한다. 하늘의 도는 비록 아름답고 이로움도 있지만 이롭다고 말하지 않는다.

다만 이로움을 보여도 남을 해치지 않는다. 그러나 세상에는 조금 이롭다는 이름만 있으면 남을 해치고 또 드러내고 만다. 성인의 도는 함이 없이하지 못하는 것이 없다. 절대 자기가 가진 것을 스스로 자랑하지 않는다. 그래서 남과 다투지 않는다고 했다. 천하도 그와 다툴 수 없다. 크게 봐서 싸우지 말라고 주장하는 것이 이 책의 뜻이다. 그래서 또 이런 말로 결론을 맺었다.

옮긴이의 말 譯者後記

옮긴이의 말譯者後記

노자에 대한 번역과 해석서는 수도 없이 많다. 이 책은 송나라 유학자 권재 임희일이 노자를 쉽게 말로써 풀어 쓴 책이다. 그래서 '구의口義'라고 하였다. 성리학을 숭상하는 조선조 국가가 공식적으로 발간한 노자 주석서인데 그 내용은 어떤 것일까 궁금하였다.

노자는 동양 고전 중에서 외국어로 제일 많이 번역된 책이다. 동양은 물론 서양에도 잘 알려진 책이다. 하이데거는 노자를 평화의 화신이라고 하여 무척 존경하였고 노자 번역서의 수집가로도 잘 알려져 있다. 슈바이처는 제2차 세계대전이 끝나는 날 세계 평화를 기원하면서 노자를 읽고 있었다고 한다.

공자[孔丘], 묵자[墨翟], 맹자[孟軻]인데 노자[李耳]는 왜 노자老子인가? 성이 이 씨면 이자라고 해야 할 것 같은데 말이다. 내 생각은 이렇다. 노나라에 살던 공자가 주나라로 잠시 유학을 간 적이 있었는데 당시 주나라 도서관 사서로 있던 노자를 만나 가르침을 받았다고 한다. 노자의 노老는 노사老師의 '노老' 자字이고 '자子'도 선생님 자字이니, 선생님의 선생님이라고 한 것은 아닐까? 공자는 노자를 만나 본 후 선생님은 용과 같은 분이라고 감탄하였다고 전해진다.

노자 한 권은 전부 물리物理를 빌려 도道를 밝혔다고 한다.

노자 81장을 쭉 읽어 보면 그 얘기가 그 얘기이다. 노자의 애타는 하소연이다.

노자 81장은 한 덩어리로 되어 있어, 어디를 찔러도 피가 나온다. 살아 있는 생물이다.

시종일관 어린아이 같은 백성을 걱정하고, 철없는 위정자들을 우려하며, 자연과 같은 성숙함을 갖기를 바라는 마음이다.

무위이무불위, 무욕, 무심, 무용심으로 집안의 모든 일을 다 하고도 내가 한 것이 아무것도 없다고 하시는 엄마와 같이 세상의 위정자들이 큰사람, 산 사람, 깬 사람이 되어 성숙한 지도자가 되기를 바랄 뿐이다.

밖에 나가서 친구들과 싸우지 말고 사이좋게 놀라고 엄마들은 신신당부를 한다. 노자도 똑같다. 남과 싸우지 말라고 한다. 싸우려면 자신하고 싸우라고 한다. 자신의 욕심과 잘난 척하고 싶은 마음과 철저히 맞서라고 한다.

말이 많으면 정작 쓸 말이 별로 없다. 뭐든지 너무 지나쳐도 안 좋다는 것이다. 유가에 과유불급이란 말이 있는데, 노자는 지나친 것이 부족한 것과 같은 정도가 아니라. 더 결과가 나빠진다고 설파한다. 너무 칼날을 세우려고 하다가 날이 넘어지듯이, 너무 잘살려고 발버둥 치기 때문에 잘살기는커녕 오히려 죽어 나가자빠진다는 것이다.

애는 써야지 애를 태우면 아니 된다. 나아가려고만 하는 것은 물러나는 것만 못하다. 자족할 줄 알아야 허물이 없다. 정신이 육체를 통제할 수 있어야 건강한 정신에 건강한 몸이 완성된다. 안과 밖, 무와 유, 정신과 육체 등이 균형을 이루어야지 어느 한쪽으로 치우치거나 빠지면 낭패이다. 세상은 좋은 곳이지만 세상에 빠지면 죽는다. 탐닉하면 죽는다.

세상에 억지로 되는 일은 없다. 욕심으로 되는 일은 오래가지 못한다. 혹 힘이 있어도 져 주면서 이겨라. 폭력은 어떤 경우에도 절대 안 된다. 전쟁을 즐기는 자는 반드시 망한다. 폭력과 전쟁은 악마의 짓이다.

성인은 자기가 처한 상황이 어떠하든지 자족할 줄 안다. 반면 안으로는 항상 자기가 부족하다고 생각한다. 억지로 힘으로 하는 법이 없고, 부득이 해야 할 일만 한다. 하지만 자기가 하는 일을 즐긴다. 결과에 연연하지도 않는다.

남에게 주면 줄수록 자꾸 더 생긴다. 남을 가르쳐 보면 확실히 알 수 있다. 매일 남에게 퍼 주어 되로 모자라지만 연말에 말로 남는 것과 같다. 절대 손해 안 보려고 악착같이 남기려 해도 연말에 말로 손해 보는 경우도 있다.

당시 위정자의 욕심과 무능으로 전쟁의 피해에 시달린 백성들, 그들을 바라만 볼 수밖에 없었던 지식인의 한 사람으로서 노자의 피를 토하는 듯한 절절한 마음과 노기를 읽을 수 있었다.

아는 자는 말이 없고 떠드는 자는 모르는 놈이다. 알아도 모르는 척하는 것이 최고요, 모르면서 아는 척하는 것이 병이라는 노자 늙은이의 목소리가 귓가에 쩌렁쩌렁 울린다. 그냥 알고 그냥 행할 뿐이다. 토를 달지 말지어다.

노자권재구의老子鬳齋口義

초 판 1쇄 발행 • 2016년 5월 16일
초 판 2쇄 발행 • 2017년 2월 24일

지은이 • 임희일
펴낸이 • 이상경
부 장 • 박현곤
편집장 • 김종길
편 집 • 김종길[책임편집], 이은애, 하상미
디자인 • 김성은

펴낸곳 • 경상대학교출판부
주소 • 경남 진주시 진주대로 501
전화 • 055) 772-0801(편집), 0802(디자인), 0803(도서 주문)
팩스 • 055) 772-0809
전자우편 • gspress@gnu.ac.kr
홈페이지 • http://gspress.gnu.ac.kr
페이스북 • https://www.facebook.com/gnupub
블 로 그 • https://gnubooks.tistory.com
등록 • 1989년 1월 7일 제16호

• 책값은 뒤표지에 있습니다.

이 도서의 국립중앙도서관 출판시도서목록(CIP)은 서지정보유통지원시스템 홈페이지(http://seoji.nl.go.kr)와 국가자료공동목록시스템(http://www.nl.go.kr/kolisnet)에서 이용하실 수 있습니다.
(CIP제어번호: CIP2016010420)